浙江理工大学人文社科学术专著出版资金资助（2018年度）
2018年度教育部人文社会科学研究规划基金项目（18YJA790014）
2018年度浙江省自然科学基金青年项目（LQ18G030015）

全球新竞争贸易态势下的汇率传导机制研究

成蓉 程惠芳 文武 著

中国财经出版传媒集团
经济科学出版社
Economic Science Press

图书在版编目（CIP）数据

全球新竞争贸易态势下的汇率传导机制研究/成蓉，程惠芳，文武著．—北京：经济科学出版社，2020.10

ISBN 978－7－5218－2016－4

Ⅰ.①全… Ⅱ.①成…②程…③文… Ⅲ.①人民币汇率－研究－中国 Ⅳ.①F832.63

中国版本图书馆CIP数据核字（2020）第207334号

责任编辑：李 雪 高 波
责任校对：蒋子明
责任印制：王世伟

全球新竞争贸易态势下的汇率传导机制研究
成 蓉 程惠芳 文 武 著
经济科学出版社出版、发行 新华书店经销
社址：北京市海淀区阜成路甲28号 邮编：100142
总编部电话：010－88191217 发行部电话：010－88191522
网址：www.esp.com.cn
电子邮箱：esp@esp.com.cn
天猫网店：经济科学出版社旗舰店
网址：http：//jjkxcbs.tmall.com
北京季蜂印刷有限公司印装
710×1000 16开 12印张 200000字
2021年1月第1版 2021年1月第1次印刷
ISBN 978－7－5218－2016－4 定价：50.00元

前言

汇率波动对贸易的传导机制是国际经济研究中的一个重要论题。当前全球贸易发展呈现出新的动态，一是全球价值链贸易发展迅速，贸易增加值在一国贸易中越来越受到重视；二是全球贸易竞争越来越激烈，贸易竞争趋于扁平化，竞争深入到微观企业主体；三是国际间政策溢出效应显著，对贸易发展走向产生重要影响。同时，我国的人民币汇率双向波动也已成常态，人民币汇率的市场化改革不断推进，新竞争态势下的汇率传导机制趋于复杂化。在此背景下，深入研究汇率传导对微观出口企业及一国贸易转型的影响具有重要的时代意义。

本书试图回答以下问题：在全球价值链贸易迅速发展的时期，汇率对贸易发展的传递机制是否发生了变化？什么关键因素决定了汇率的不完全传递？国际间货币政策的差异及变动对汇率传导机制的影响是什么？理论与实证的研究结果表明，在全球新竞争贸易态势下，汇率的传导机制与传统理论的预期有着较为明显的差异：汇率波动对贸易的传导作用受到价值链分工、全要素生产率、竞争替代性等变量的调节作用，呈现不完全传导性；本币升值反而可以促进企业通过寻求中间品进口替代、加大研发与生产率提升的方法来提高竞争力，进而提升出口增加值；同时在竞争性贸易环境下，以及汇率弹性加大和国际资本项目开放的条件下，也要求贸易国增强货币政策的国际协调能力，避免汇率的过度波动，稳定贸易发展。本书的主体研究由三部分构成：

（1）利用 WIOD 数据库中的投入产出数据计算了全球 43 个主要经济体、57 个细分产业在 2000 ~ 2014 年的出口增加值，在控制基本面因素的条件下，计算了汇率波动对多个贸易变量的影响效应，检验了全球价值链背景下汇率波动对一般贸易和增加值贸易的传导效应。研究结果显示：在样本期内，汇率波动对进出口价格以及进出口量、出口增加值都产生显著影响，且实际汇率变动对出口增加值增长的影响受到 TFP（Total Factor Productivity，全要素生产率）变量的正向调节作用。此外，汇率波动对一般进出口贸易的传递效应集中在短期，而对出口增加值贸易的影响效应则体现在长期。因此，在全球价值链背景下，汇率对贸易的传导机制发生了变化，其除了价格传递作用外，还与生产率等贸易竞争力变量共同作用，影响贸易增长。

（2）本书进一步以不完全竞争贸易为基本框架、以企业生产率变量为主要调节变量分析了汇率波动对企业出口选择行为、出口贸易量等变量的传导作用，将汇率波动融入到企业的生产率调整决策分析中，探寻了汇率波动、生产率调整与贸易增长三者的相互作用，以尝试构建汇率传导的微观企业传导机制。理论模型表明，以企业生产率不变为条件，出口国的货币升值会迫使出口企业的产品定价提升，进而削弱其出口竞争力，降低出口收益，并促使部分低生产率企业退出出口市场。但是，当产品替代性足够大时，部分生产率高的出口企业会受到激励，通过提高研发水平和生产率来抵消汇率波动的负面冲击。由此，汇率波动在一定程度上会促使出口企业向两极分化。本书利用 2001 ~2007 年间中国工业企业与海关贸易的匹配数据，分析了近 8 万家出口企业的运营情况，结果显示：人民币升值与企业出口值增长具有正向关系，其影响效应包括静态选择效应和动态倒逼效应，其中后者受到产品市场竞争程度的调节，并且对于全要素生产率（TFP）越高的企业，其调节汇率波动对出口值影响的作用越显著，调节效应越大。

（3）本书以同一出口市场中的竞争性贸易增长为框架分析了贸易伙伴及贸易竞争对手的非对称货币政策可能对汇率及贸易波动的影响，探寻了多重政策目标协调问题。在理论模型中，将影响贸易份额的因素划分为结构性因素（生产率水平、人力资本水平、工资水平等）及货币与汇率因素，阐释了在贸易平价及国际资本市场套利的驱动下，贸易主体的非对称货币政策转化为汇率波动及贸易份额变动的传导机制。本书利用41个国家和地区在2000～2014年间对美国市场的出口数据的实证检验也表明这一长传导机制的存在，结果显示：控制其他贸易竞争力因素之后，非对称货币政策会对贸易伙伴之间的长期汇率和贸易增长变动产生显著的影响。但是与最终品贸易不同，由于中间品贸易更多由全要素生产率（TFP）、人力资本水平、相对工资水平等基本面因素决定，因此非对称货币政策对第二产业的中间品贸易的影响相对较弱，这也是价值链贸易中的汇率传导机制的特征之一。

最后，本书从人民币汇率形成机制改革、企业应对措施以及国际政策协调三个方面提出了具体建议：一是增强人民币汇率弹性，提升企业应对外部冲击韧性。二是提高出口产品市场替代性，促使汇率波动倒逼企业贸易转型升级机制发挥作用。一方面，政府应通过一定的产业政策引导出口企业加大创新投入力度，积极转型；另一方面，要增强国际出口市场的竞争弹性，消除各种贸易壁垒，坚决抵制贸易保护主义。三是与宽松、灵活的人民币汇率形成机制相配合，我国应增强货币政策的弹性与协调性，提升货币政策操作空间，通过灵活、主动的货币政策消除他国不利政策带来的溢出效应。

因此，本书基于全球新竞争贸易态势，从宏观与微观，理论与实证，一国与多国的角度构建多层次、多维度的分析框架，以期探寻当前全球多元化的竞争环境下汇率传导机制与传统贸易理论所发生的背离或变化。

由于水平有限，本书难免存在不足，敬请各位读者批评指正。

作　者

2020年5月

目录

第一章　引言 …… 1

第一节　研究意义与研究目的 …… 1

第二节　研究基本框架与主要内容 …… 10

第三节　可能的创新点 …… 13

第二章　汇率传导文献回顾 …… 15

第一节　汇率的价格传导机制 …… 15

第二节　汇率不完全传导的调节因素研究 …… 20

第三节　全球新竞争贸易态势下的汇率传导机制研究 …… 26

第四节　人民币汇率传导机制研究 …… 36

第五节　已有研究述评 …… 45

第三章　价值链贸易中的汇率传导检验：价格传导与生产率调节 …… 48

第一节　关于全球价值链贸易中的汇率传导效应争论 …… 49

第二节　2000 ~ 2014 年间多国汇率变动与贸易增长 …… 52

第三节　计量模型分析 …… 59

第四节　小结 …… 67

第四章　汇率传导的微观企业作用机制解析：选择效应与生产率提升倒逼效应 …… 70

第一节　汇率传导的微观企业模型 …… 73

第二节　计量模型设计与变量说明 …………………………… 89
第三节　汇率波动的企业静态选择效应分析 …………………… 95
第四节　汇率波动的动态倒逼效应分析 ………………………… 108
第五节　小结 ……………………………………………………… 114

第五章　竞争性出口市场中的非对称货币政策传导效应研究 ………… 116

第一节　货币政策国际溢出效应的回顾 ………………………… 117
第二节　非对称国际货币政策下的竞争性贸易模型 …………… 124
第三节　2000 年以来美国的货币政策调整及影响………………… 128
第四节　非对称国际货币政策中的汇率传导机制计量分析 …… 136
第五节　小结 ……………………………………………………… 149

第六章　结论与政策建议 ………………………………………… 152

第一节　结论 ……………………………………………………… 152
第二节　政策建议 ………………………………………………… 155

参考文献 …………………………………………………………… 160
后记 ………………………………………………………………… 180

第一章
引　言

本章将首先叙述本书研究的理论意义和现实意义，提出研究问题，明确研究目的；其次阐述本书的基本框架和主要的研究内容，提出可能的创新点，以奠定本书的研究基础。

第一节　研究意义与研究目的

汇率与进出口贸易是国际经济学中的两个重要变量，彼此间存在着密切的联系。在当前全球经济与贸易环境加速变化与剧烈动荡的背景下研究这一“历久弥新”的命题则更具理论与现实意义。

一、理论意义

经典理论认为，两国之间的货币换算比率——即汇率变化会改变进出口商品的相对价格进而对贸易量的变化产生影响，此即汇率传导或传递（exchange rate pass-through）效应。一般而言，如果某一出口国相对于进口国的货币升值，在成本定价模式下，出口国的商品价格换算成进口国货币所表示的价格会上升，这会削弱出口国商品的竞争力，使得出口国的出口贸易量减少。同时，进口国的商品价格换算成出口国货币所表示的价格会下降，使得出口国（即货币升值国家）的进口量会有所提升。这就是最初被认可的汇率传递机制。

但马歇尔－勒纳条件（Marshall－Lerner Condition，Marshall，1923；Lerner，1944）则显示，汇率变动并不一定能够改变一国的国际收支状况，只有在进出口需求弹性绝对值大于1的条件下，汇率变化才能通过影响进出口价格进而影响进出口量来扭转一国的国际收支状况。因此，这一条件表明，汇率对贸易的影响还与进出口商品的“异质性”有关，即与进出口商品的替代性、进出口商品需求调整时期的长短以及进出口需求对价格调整的敏感程度等因素有关。

20世纪80年代中期，由于美国面临越来越严重的贸易逆差问题，因此美国政府试图通过美元贬值以改善其国际收支严重失衡的状况。1985年9月22日，美国、日本、德国、法国与英国（G5）的财政部长和中央银行行长在纽约广场饭店举行会议，签订“广场协议”，通过五国政府联合干预外汇市场，促使美元兑主要货币有序贬值，达到解决美国巨额贸易赤字问题的目的。该协议签订后，上述五国在国际外汇市场大量抛售美元，形成市场投资者的抛售狂潮，导致美元持续大幅度的贬值。不到3个月的时间，美元对日元贬值20%。之后不到3年的时间，美元对日元贬值50%。但事与愿违，日本对美国的贸易顺差不但没有减少，反而大幅增加了。正是这一现象与原有理论推论的背离，引起了许多学者对汇率传递问题的关注，包括克鲁格曼（Krugman，1986）、多恩布什（Dornbusch，1987，1989）、克内特（Knetter，1989，1993）、马斯顿（Marston，1990）、卡萨（Kasa，1992）、古德伯格和克内特（Goldberg & Knetter，1997）等，他们提出依市定价理论（Pricing to Market，PTM）来尝试对汇率的不完全传导机制给予解释。其核心理论建立在不完全竞争（由于较强的议价能力、产品差异、市场分割等因素所导致的不完全竞争）市场上，强调当出口企业面对不利的汇率变动时，企业会通过采取调整价格（削减价格加成）或差别定价等策略，来降低汇率波动对贸易量的影响。这一作用机制的存在使得汇率波动对贸易量的影响具有不完全性。

在2000年以后，一些学者开始利用新获得的微观数据来检验或挖掘汇率不完全传导机制及其调节因素，例如戈皮纳思（Gopinath，2010）、恰拉扬和迪（Caglayan & Di，2010）、斯特拉瑟（Strasser，2013）、俞（Yu，2015）、阿米提等（Amiti et al.，2014）、陈和尤纳尔（Chen & Juvenal，2016）等，他们提出价格黏性因素（贸易合同签订）、企业信贷条件、产品质量等因素都会影响到汇率对贸易的传导作用。同时，汇率传导还受到市场竞争程度（市场竞争程度又受到市场分割因素，例如运输成本、分销成本、贸易壁垒等因素的影响），企业定价策略（歧视性定价、价格加成），市场需求弹性，商品价格黏性程度（菜单成本），进出口市场相对重要性，进出口价格及贸易合同允许调整的时间长短等多种因素的作用。

从已有研究来看，对汇率传导机制的研究已经从单纯的价格传导研究转到价格吸收调整研究，再转到其他因素调整研究，研究层层深入。对汇率的不完全传导机制的看法也发生了转变。一些不完全传导理论是建立在激烈的进出口市场竞争基础上，激烈的竞争促使厂商完全通过价格变化吸收了汇率波动的影响，进而使得汇率对贸易量的影响大大减弱。但是这种极端情况在现实中是很少见的，它没有考虑到不同产品市场竞争的不完全性，以及厂商会利用产品质量差异、技术差异等手段来抵消汇率的不利冲击，而不是单纯利用价格手段抵消汇率不利冲击的情形。不同的竞争环境、不同的调节因素使得汇率的传导机制复杂化，也增强了其研究的必要性，特别是挖掘汇率波动对贸易转型的影响因素及影响效应在当前的时代背景下更凸显其重要性。

二、研究的现实意义：全球贸易发展三大新态势

当前全球贸易发展迅猛，也呈现出一些新特征，汇率对贸易的影响机制也发生了相应的变化。这些变化促使我们需要深入研究新竞争动态下的

汇率传导机制。

（一）全球价值链贸易的发展可能使得汇率对贸易的传导机制复杂化

当前全球价值链贸易（value added trade）越来越重要。跨国公司在利润最大化的驱动下，不断涉足新市场，不仅将产品销往世界各地，也大量利用世界资源组织生产。跨国公司通过将生产环节进行全球配置来获取最低成本，因而使得中间品贸易越来越重要。国际间企业的产品内分工合作，对贸易形式的变化产生了很大影响，加工贸易、海外建厂（offshoring）、外包（outsourcing）等越来越重要。据估计，在出口产品价值中，外国平均增加值占到28%。也就是在2010年全球19万亿美元的出口中有近5万亿美元的价值来自国外贡献，并用于进一步出口，剩余的14万亿美元才是真正的出口增加值。跨国公司的价值链贸易的出现有多方面影响，一是它明确了在出口总值中有多少增加值来自出口国，或者一个国家的出口有多大程度依赖于进口外国中间品。据统计，2010年，发达国家的出口总值中有平均有31%的价值来自国外进口中间品（欧盟为39%、德国为37%、法国为31%、英国为42%、荷兰为53%、美国为11%，日本为18%），而发展中国家的出口总值中有25%来自国外进口中间品，其中东亚和东南亚国家的出口总值中有31%来自国外进口中间品，中国有近30%的出口产品价值中来自国外。其中，办公与计算设备（约45%）、汽车制造（36%）、电视通信设备制造（35%）、焦炭石油产品制造（35%）等行业的出口产品中有相当部分价值来自国外①。

全球价值链贸易的发展可能在一定程度上影响或改变汇率影响贸易的传导机制，使其更为复杂。因为汇率的变动不仅影响出口，也影响中间品进口的成本和质量。首先，在增加值贸易中，有一部分价值来自进口外国中间品，本币价值的变动不仅影响最终出口品的价格，也会影响到中间品的进口价格，两类价格相反方向的变动可能存在一定的抵消效应。其次，

① 资料来源：联合国贸易与发展数据库（UNCTAD，2013）。

如果本币贬值促使以外币计价的中间品价格提升，使得企业采用中间品的成本上升，那么企业可能形成替代进口中间品的倾向，这也可能提升该国的出口增加值。同时在规模经济和全球经济联系日益紧密的趋势下，企业会加大力度寻求分工深化的方法以提升出口产品竞争力，降低不利汇率冲击的影响。最后，在全球价值链分工网络中，中间品供应国家的货币贬值，也可能提升了与之分工合作的国家或地区的产品竞争力。例如，在日本与东亚、东南亚的价值链分工网络中，日元贬值可能会降低与之合作的其他国家或地区的企业的中间品进口成本，提升它们产品的竞争力。

上述机制与传统的汇率传导机制有很大的不同。传统的汇率传导机制理论认为，日元贬值会提升日本出口企业的竞争力，而抑制其他国家的出口，但是在全球价值链网络中，日元贬值使与之合作的企业也受益，提高了它们的竞争力。另外，即使是不利的冲击，也可能促使加工企业寻求中间品替代，反而增强它们的出口增加值。这些反常现象可能都是全球价值链贸易中的汇率传导机制的特点。并且，目前许多国家都开始重视出口增加值变动，因此，研究汇率波动对出口增加值的影响也具有重要意义。

（二）激烈的全球贸易竞争可能改变企业对汇率波动的敏感性

当前全球贸易竞争越来越激烈。2000 年 WTO（世界贸易组织）成员方总出口值达到 63564 亿美元，2008 年 WTO 成员方总出口值达到 160043 亿美元，2016 年 WTO 成员方总出口值达到 157679 亿美元。其中发达国家在 2000 年的出口总值达到 41319 亿元，占当年全球出口总值的 65%；2008 年发达国家的出口总值达到 88720 亿美元，占当年全球出口总值的 49.27%；2016 年发达国家的出口总值达到 82094 亿美元，占当年全球出口总值的 52%。中国在 2000 年的出口总值达到 2492 亿美元，占全球出口总值的 3.92%；中国在 2008 年的出口总值达到 14286 亿美元，占全球出口总值的 8.92%；2016 年中国大陆的出口总值达到 21345 亿美元，占到当年全球出口总值的 13.5%。同样，作为发展中国家的印度在 2000 年的出口总值为 423 亿美元，占到当年全球出口总值的 0.66%；2008 年印度的出口总值为 1948 亿美元，占到当年全球出口总值的 1.22%；2016 年印度的出口总值为 2678 亿美元，占到当年全球出口总值的 1.69%。如果不考虑加工贸易，仅从这些变化中就可以看到，发达国家的出口总值占比一度有所下跌，但是又重新上升，它仍占据世界贸易的主导地位；中国的出口总值占比在 2000 年以后提升很快，但是在 2008 年以后增速有所递减；同时印度也快速成长为一个重要的贸易主体。从 2014 年开始，WTO 统计的中国商品出口总量有所下降，而服务出口在 2015 年为 2626 亿美元，服务贸易赤字为 2049 亿美元。2016 年德国前 10 大出口商品集中在汽车及其零部件、医疗、飞机制造部件、机械部件等产品领域，它在这些产品出口上占据领先优势。印度服务业出口从 2009 年开始一直保持递增态势，2016 年其服务出口总值达到近 1576 亿美元，拥有近 761 亿美元的服务贸易盈余。2016 年美国服务出口达到 6273 亿元，增长 1.3%，其在汽车、电子集成电路、医疗设备、自动数据处理设备等商品出口方面保持优势，2016 年其单位自动数据处理设备的出口价值达到 283.6 美元，远高于中国的每单位 81.3 美元①。

首先，从上面数字可以看到，包括美国、德国等发达国家在内的经济主体仍占据了世界贸易的主导地位，其贸易附加值远高于中国，而印度等发展中经济体在一些贸易领域（例如服务贸易）迅速崛起，其比较优势显著，并超过中国，因此中国面临着越来越激烈的贸易竞争。那么在考虑汇率等变量对贸易的影响时，不仅要考虑汇率对贸易商品价格的影响，还要从全球市场竞争角度考虑来自其他国家或地区的竞争压力，也就是在进行汇率对贸易变量影响的分析时，要从全球市场和竞争互动角度来对汇率传导的影响机制进行一个整体分析，而不是仅考虑汇率对贸易价格影响的局部分析。因此，它需要建立一个统一的分析框架，考虑贸易伙伴和竞争对手可能的（调节）影响。

① 资料来源：联合国商品贸易与服务贸易统计数据库（UNCOMTRADE，2017）。

其次，贸易竞争趋于“扁平化”，越来越强调以跨国公司为主体的微观竞争，也就是贸易竞争不仅依赖于国家层面的要素禀赋差异，也强调企业的“异质性”，包括生产率的异质性等，企业才是贸易竞争的真正主体。近十多年来已有大量的研究讨论了基于企业异质性的出口行为，例如梅里兹（Melitz，2003）认为当贸易竞争细化到企业层面后，影响贸易变量的更多因素来自企业自身的生产变量，例如企业的生产率、企业的股权性质、企业所处于的行业及地域、企业的创新行为决策等。但是，相当部分研究忽视了贸易竞争性和价值链贸易可能对汇率传导过程及作用机理产生的影响，新的研究有必要从贸易竞争的整体视角来解析汇率传导机制。虽然部分研究认为，全球价值链可能会削弱汇率与贸易的联系，例如黄志刚（2009）；奥利伍德、鲁斯蒂切利和施韦尔努斯（Ollivaud，Rusticelli & Schwellnus；2015）；艾哈迈德、阿彭迪诺和鲁塔（Ahmed，Appendino & Ruta；2015）等，他们认为价值链贸易中的同时进口与出口会降低汇率变化对贸易以及价格变动的冲击，这一观点主要是从对价格变量影响的角度来看待的。但是价值链贸易也使得各个国家、各个企业之间的贸易联系更广泛、更紧密，也催生了大量规避和应对汇率波动风险的需求，进而使得各个贸易主体对汇率变化的反应更为敏感，因为更加紧密的生产体系会更强调生产的协调性、商品信息流动的快捷性。因此，意外的汇率波动会对企业的运营计划、成本控制、资金流动等产生极大的冲击。例如，艾哈迈德、阿帕蒂诺和鲁塔（Ahmed，Appendino & Ruta；2015）的研究就显示，汇率的传递效应与一国嵌入全球价值链的程度紧密相关。

当汇率波动、国家汇率制度调整等对企业贸易行为的影响更为直接时，本币升值，出口企业的收益会有什么变化？出口企业如何调整生产行为以适应外部经营风险？企业是否会改变自己的生产率以形成更高的竞争力，来应对可能的不利冲击？对于这些与企业生产及决策行为有关问题的思考与探讨，能够使我们更深入研究汇率的微观传导机制，将汇率传导机制的研究细化。

（三）国际间非对称政策调整可能加大汇率波动及扭曲贸易发展

当前国际间货币政策对贸易的溢出效应越来越复杂。随着全球经济联系越来越紧密，各国的货币政策调整对汇率市场产生极大影响，进而对进出口贸易波动产生影响。在特定时期，一国贸易的变动不仅受到其基本面因素的影响，例如生产率水平、劳动者工资、技能水平、对外贸易依存度等因素的影响，同时它也受到其他国家的货币政策调整的影响，特别是在全球经济一体化趋势下，贸易竞争越来越激烈，一国的出口不仅受到进口国的需求、宏观经济政策的影响，也可能受到来自贸易竞争对手的货币政策调整的影响。在全球化环境下，贸易竞争日益加强（Batista，2008）。例如，墨西哥与中国之间的贸易竞争（米尔、祖克，2013）。墨西哥曾由于《北美贸易协定》的签订，带来了制造业的巨大收益。但是在 2001 年中国加入 WTO 后，中国制造业成本较低，产能重组，使其在竞争中迎面赶上。这一现象表明，贸易竞争不仅体现在价格方面，也体现在生产率差异、经济互补性、市场规模、资本市场开放程度等基本面因素或结构性因素，同时也与各国的宏观政策调整有一定关系。另外，在 2000 年以后，全球经济波动频繁，各国也密集采用各种政策干预宏观经济。2008 年以后美国频繁采用量化宽松的货币政策，降低利率来刺激经济。这一宏观政策在全球经济中形成溢出效应，对全球汇率市场产生影响，并对各国向美国出口的相对市场份额变动产生影响。例如，中国、印度、印度尼西亚等国对美国的出口份额可能会发生变动。

但是以往研究还从未基于多国竞争性贸易视角（例如至少三个贸易主体，其中一个进口国，两个出口国）考察不同国家之间货币政策差异对汇率波动及进出口贸易的影响。一方面，进口国和出口国不对称的货币政策会对汇率波动产生重要影响。在贸易自由化和国际资本自由流动的环境下，特别是贸易平价和国际资本套利的驱动下，这种传导作用可能非常显著。另一方面，各国的货币政策调整也会影响到宏观基本面，并改变进口国的进口需求，进而使得货币政策对贸易的影响与汇率变化对贸易的影响并非完全一致，两种影响之间有一定差异，也就是传导机制并不是从货币政策—汇率变化—对外贸易的单一作用机制，而是从货币政策—汇率变化和宏观需求变化—对外贸易的多重作用机制。

当前，国际贸易保护主义抬头，竞争性货币政策可能扭曲国际贸易发展，给我国贸易稳定发展带来不利影响。另一方面，我国人民币汇率双向波动已成常态。党的十九大提出的汇率市场化改革不仅是我国形成全面开放新格局的重要目标，也是实现“贸易强国建设”战略目标的关键支撑之一。[①] 人民币汇率双向波动以及人民币国际化是否会引起我国国际金融政策调整与贸易转型目标之间的冲突？如何实现多重目标之间的政策协调，制定更为有效的干预政策？这些问题也值得深入研究。本书将拓展汇率传导机制的分析链条，为国际间政策协调以及制定灵活、主动的干预政策提供理论依据。

三、本书的研究目的

本书力图改进以往研究的不足，在新的贸易趋势下，探究汇率的不完全传导机制，进一步挖掘决定和影响汇率不完全传导的因素。研究结合前沿理论，将异质性企业理论、价值链贸易理论等引入汇率传导的宏微观机制分析中，通过多个国家、不同层面的比较分析，解析新竞争贸易态势下的汇率传导机制和主要调节因素。研究利用中国工业企业数据库、中国海关数据库、佩恩表（penn world table，PWT）数据库、世界投入产出数据库（world input-output database，WIOD）、IMF（国际货币基金组织）数据库等数据资料进行理论推论的实证经验，从理论和实证两个角度对汇率传导机制进行解析，进一步明晰了国际货币政策与贸易发展的结合点，提出推进我国贸易增长与升级的有力政策建议，为人民币汇率市场化改革和促

---

① 决胜全面建成小康社会　夺取新时代中国特色社会主义伟大胜利——在中国共产党第十九次全国代表大会上的报告［M］. 北京：人民出版社，2017.

进贸易转型的复合目标政策制定提供了经验基础和理论依据。

第二节 研究基本框架与主要内容

本书的研究将遵循从现象到本质、从宏观到微观、从一国到多国、从理论到政策的分析逻辑，最终勾勒出一个清晰的汇率波动对贸易变动的传导机制。首先，通过对全球价值链贸易中的汇率波动与贸易之间联系的事实特征进行了描述与统计分析，找到相应的经验证据和关键变量；其次，通过微观企业模型的构建与分析，细化汇率传导机制中的关键变量和具体作用路径；再次，利用中国工业企业的出口数据以及多国的投入产出及贸易竞争数据来验证模型的基本推论；最后，将模型推论与实证分析结论转换为政策含义，提出相应的政策建议。

基于上述研究框架，本书内容共分为六章，具体内容安排如下：

第一章是引言。本章阐释了本书研究的理论意义和现实意义、提出研究问题，明确研究目的，说明本书的研究基本框架、主体内容以及可能的创新点。

第二章是汇率传导文献回顾。本章围绕全球新竞争贸易环境下汇率不完全传导机制的研究主题，首先从汇率的价格传递机制，包括汇率变动对进出口商品价格的传递机制、汇率变动对国内一般物价水平的传递机制、汇率变动对贸易收支失衡及宏观经济调节作用的研究等几个方面对已有的理论和实证文献进行梳理；其次从汇率不完全传导机制的调节因素，包括依市定价理论（pricing to market，PTM）、可贸易品与不可贸易品的价格黏性、通货膨胀、汇率制度、交易货币种类选择及贸易摩擦等方面梳理总结了现有研究认为导致汇率对进出口贸易不完全传递的诸多影响因素；再次从全球新竞争贸易态势下的汇率传导机制，包括企业异质性与汇率传递效应、全球价值链中的汇率传递机制、国际货币政策联系与汇率传递效应几个方面综述了在当前竞争环境与贸易形势发生较大变化的情况下，国内外学者对汇率不完全传导理论研究的新进展；最后从人民币汇率变动对我国进出口价格、通货膨胀、进出口贸易量等几个方面综述了国内学者对人民币汇率传导效应的研究。基于以上四个方面的文献综述，本章讨论了国内外对汇率不完全传导的研究现状，以及存在的不足，为后续章节的理论与实证研究奠定了基础。

第三章是全球价值链贸易中的汇率传导检验：价格传递与生产率调节。针对当前一些学者对全球价值链贸易中的汇率传导是否显著的疑问，本章对全球价值链贸易中的汇率波动与进出口贸易之间联系的显著性及调节因素进行了理论与实证分析。首先在理论部分，本章以贸易竞争力为核心，区分了一般贸易和加工贸易的决定性因素（包括结构性因素与可调节因素），进而深入地考察了汇率波动对进、出口价格的传递效应、贸易竞争力的影响以及对加工贸易企业可能存在的生产率调节效应和进口中间品替代效应。通过对这些效应的研究，解析在全球价值链贸易背景下汇率波动对加工贸易企业可能产生的影响。其次在实证部分，本章将佩恩表数据和世界投入产出数据库的数据进行匹配，分析了 2000～2014 年间全球 43 个主要经济体、56 个行业的汇率波动与贸易发展之间的关联，探析了全球价值链贸易中汇率不完全传导效应的大小、方向以及持续时间。这一部分研究有助于明晰在全球价值链贸易中可能存在的不同于传统理论（一般贸易理论）的汇率传导机制，也有助于探寻为何一些国家在实施灵活的市场化汇率形成机制的同时仍能够保持较强贸易竞争力的原因。

第四章是汇率传导的微观企业作用机制解析：选择效应与生产率提升倒逼效应。结合当前贸易竞争趋于“扁平化”的趋势，本章将汇率不完全传导机制的研究细化到企业微观层面，构建了一个以竞争性贸易为基础、企业生产率为调节变量的汇率波动对出口贸易的传导作用模型。一方面，以市场竞争力量和企业生产决策调整为基础构建理论框架，分析汇率波动对异质性企业出口收入、出口生产率临界点变化（静态选择效应）的影响以及可能存在的生产率倒逼效应（动态效应）。通过以企业生产率为中介变量，将汇率波动与贸易发展转型两大重要主题联系起来，在深入探讨竞争性贸易条件下汇率不完全传导机制的同时，探寻促进出口贸易企业发展转型的现实条件。另一方面，以 1998 年以后的中国工业企业运营数据与海关出口数据相匹配进行实证识别，分地区、行业、企业性质类型展开多维度分析，考察 2005 年 7 月人民币汇率形成机制调整以后对中国工业企业向多个国家和地区的出口贸易变化的影响，检验理论模型的基本推论，挖掘可能存在的传导机制。本章试图寻求人民币较大幅度升值对我国出口企业有何影响效应，出口企业为了规避汇率风险会做哪些方面的调整，是否存在生产率提升与创新倒逼效应等问题的答案，明确微观企业在面对汇率波动时可能做出的选择，为后续章节的中观、宏观分析以及政策分析奠定基础。

第五章是竞争性出口市场中的非对称货币政策传导效应研究。本章将货币政策、汇率波动与竞争性贸易增长三者联系起来，建立了一个更为完整与全面的汇率传递机制模型，从汇率波动的源头之一——货币政策来探究货币政策调整通过汇率对进出口贸易可能产生的影响。当前全球经济联系日趋紧密、贸易竞争愈发激烈的态势，使得国际间宏观经济政策变动对汇率市场及贸易发展的影响加大，政策溢出效应显著。因此，本章首先从贸易伙伴之间的非对称货币政策切入，考察国际间宏观政策差异对汇率传导及竞争性贸易发展的影响，突破原有汇率传导机制研究的局域性和片面性，为制定更为有效、主动的调节政策提供理论支撑和预测价值。在理论分析中，以在同一贸易市场中的多个竞争主体为分析框架，考察贸易伙伴或贸易竞争对手的非对称国际政策调整对汇率变化及贸易份额变化的影响。模型框架将决定贸易份额的关键性因素划分为结构性因素（生产率水平、人力资本水平、相对工资水平、市场联系紧密程度等）及汇率传导因素，进一步将货币政策等对这些因素的影响进行梳理，从而准确刻画国际政策调整的影响及作用渠道，并提出相应的应对机制和措施。其次实证研究利用 41 个国家和地区在 2000 ~ 2014 年间对美国市场的出口数据来分析从国际货币政策变化到利率变化、再到汇率变化以及到贸易变动的长传导机制，分析国际货币政策调整对最终品贸易、中间品贸易等的影响。

第六章是结论与政策建议。本章从宏观、微观两个层面提出政策建议。宏观层面围绕人民币汇率形成机制改革、国际货币政策协调以及国际经济多目标实现提出相应地政策建议，微观层面则从进出口市场组织规范、出口企业转型升级等方面提出相应地政策建议。

第三节　可能的创新点

本书可能的创新点有三个方面：

（1）探讨生产率变量是否在汇率波动与贸易增加值增长之间发挥中介作用，使得汇率与贸易之间的联系机制变得更为复杂。利用佩恩表的多国生产率数据和世界投入产出数据库的多国投入产出数据相匹配，获取汇率波动变量、生产率变量、进出口价格变量以及出口增加值等数据，来解析汇率波动对贸易的影响效应。研究结果显示：一是实际汇率的变动对进出口价格、进出口值以及出口增加值的变动都产生显著影响，它表明汇率与贸易之间的联系在全球价值链生产体系中依然强劲；二是除了汇率传递的价格机制之外，汇率波动也通过生产率的调节作用，影响出口增加值的变动。计量结果表明 TFP 在汇率波动与出口增加值增长之间发挥了显著的中介效应。这也为本书找到了汇率不完全传导机制中最重要的调节变量。

（2）构建以竞争性贸易为基础的汇率传导微观模型，重点考察了汇率波动与企业生产率、竞争替代程度与出口贸易量之间的相互作用。利用 2001～2007 年中国工业企业和海关匹配数据分析检验了人民币汇率波动对微观企业的传导机制，证实了模型基本推论。理论研究显示汇率波动具有双重影响效应：一是静态选择效应，不利的汇率变化会促使低效率企业收益下降，退出出口市场，从而起到改变所有出口企业生产率分布水平的作用；二是动态的倒逼效应，当出口产品市场具有较高的竞争替代性时，汇率冲击会促使高生产率企业加大研发投入，进一步提升生产率，从而出现生产率的内生变动，形成贸易转型机制。而竞争替代性低的市场和低生产率企业则面临较大的负面冲击，转型困难。实证结果显示：人民币汇率升值与企业出口值增长有正向关系，产品市场竞争程度与企业生产率调节着汇率波动对出口值的影响，并且 TFP 越高的企业，其调节汇率波动对出口值的影响越显著，调节效应越大。因此，人民币汇率升值有助于推动我国部分出口企业的转型升级。

（3）将国际间货币政策差异引入竞争性贸易市场中的汇率传导机制中，考察了贸易伙伴或贸易竞争对手的非对称国际货币政策的调整对汇率变化及贸易份额变化的影响。根据本书对 41 个国家在 2000 ~ 2014 年间对美国市场的出口数据所进行的实证分析表明，在贸易平价和国际资本套利活动的驱动下，非对称的国际货币政策会传导到汇率波动中，并对各国在同一出口市场的贸易收入变化产生影响。除此之外，同一市场的出口份额还取决于各个贸易主体的相对工资水平、相对生产率水平、相对人力资本水平以及贸易联系程度等基本面因素。相对利率变动对各国在美国的最终品贸易产生显著影响，但是全球价值链因素会削弱相对利率波动对中间品贸易的影响，也即中间品贸易更依赖于基本面因素而不是利率变动等货币因素。

第二章 汇率传导文献回顾

第一节 汇率的价格传导机制

汇率传导（exchange rate pass-through）作为国际经济学领域中的一个重要研究问题，受到国内外学者的持续关注。它指的是在国际经济活动中，两种货币之间的汇率变动对一国进出口价格水平和贸易量的影响。传统的国际经济学理论认为，汇率变动首先会反映到本国的进出口商品价格上。当本币贬值时，以外币表示的出口商品价格下降，以本币表示的进口商品价格上升；当本币升值时，以外币表示的出口商品价格上升，以本币表示的进口商品价格下降。根据一价定律和购买力平价理论，汇率的变动会引起相应价格水平成比例的变动，即汇率的价格传导是完全的和及时的。但20世纪80年代前期美元的大幅升值并没有显著降低美国的进口品价格，“汇率不完全传导”的现象逐渐成为国际经济学领域备受关注的热点问题之一。

在开放经济条件下，研究汇率传导具有很强的理论和现实意义。从宏观层面而言，对汇率传导问题的讨论有助于探究汇率变动对一国进出口商品价格及国内物价水平（通货膨胀）的影响途径、影响程度、影响方向、影响条件等问题；从微观层面而言，研究汇率传导问题事实上是在探讨汇率变动对贸易企业的定价方式、经营策略、风险规避等产生的差异性影响。因此，这一研究领域涌现了大量的研究成果，采用多样化的研究方法对不同的研究对象从多层面或角度揭示了一国汇率变动的价格传导效应的差异。

一、汇率对进出口商品价格的传导机制研究

20 世纪 80 年代初期，美国财政赤字剧增，对外贸易逆差大幅增长，到 1984 年美国的外贸赤字高达 1600 亿美元，占当年 GDP 的 3.6%。美国期望以美元贬值增强其出口产品的国际竞争力，进而从根本上改善国际收支不平衡状况。因此，在 1985 年 9 月 22 日，美国同日本、联邦德国、法国、英国的财政部长和央行行长（简称 G5）在美国的纽约广场饭店举行了会议，最终达成五个国家联合干预外汇市场，以达到美元对主要国家货币有序贬值，改善其巨额贸易赤字的目的。此后，日元持续升值，日本的传统出口产品，如食品、纺织品、金属制品等竞争力下降，出口规模缩小。但是日本的资本和技术密集型产品的出口规模却不降反增，在 1985 ~ 1990 年，日本的化学品和机械电子设备的出口规模分别从 18430 亿日元和 141420 亿日元增长到 22950 亿日元和 187030 亿日元（王喜文、江道辉，2013）。并且一些大型企业逐渐适应了高汇率，出口能力和出口竞争力逐步得以恢复并增强。这一经济现象引起了学者们的关注，他们开始研究汇率不完全传导的原因和机制。

克鲁格曼（1986）、多恩布什（1987，1989）、马斯顿（1990）、卡萨（1992）、古德伯格和克内特（1997）等较早地开展了相关研究，并提出依市定价理论（PTM），即在不完全竞争的出口市场中，面对汇率波动时出口企业会采取差别定价策略，对不同商品、不同目的地市场，实施有差异的成本加成策略，从而使得汇率对出口商品的价格传递不完全。克鲁格曼（1987）讨论了美国的进口价格并未对汇率变动做出反应的原因，认为

市场的不完全竞争是造成价格黏性的重要原因。多恩布什（1989，1993）研究了汇率波动与美国贸易平衡问题，他发现1985年以来的美元贬值并未对应比例地提高进口商品的价格，指出需求变化及企业加成率调整是导致汇率不完全传递的重要原因。马斯顿（1990）研究了日本制造业企业（运输设备与电气设备制造）在出口市场和国内市场上的定价行为，通过对相关产品加成率的研究，他发现日本企业会依据实际汇率的调整而改变出口价格（相对国内价格），从而导致汇率的不完全传递。

在2000年以后，众多国外学者围绕着汇率不完全传导的影响因素或调节因素而展开计量实证分析。其中重点检验的是企业成本加成或利润率变化、价格黏性等因素在汇率传导过程中的作用。例如，马丁和罗德里格斯（Martín & Rodríguez，2004）利用西班牙的企业数据研究了汇率波动对外国市场价格和国内市场价格的影响。他们在同时考虑了企业定价能力、产品需求变动等因素后发现本币贬值对一般价格的演变有显著的正向影响，并受到竞争程度的调节。伯斯坦和雷贝洛（Burstein & Rebelo，2007）研究了非贸易商品的价格黏性对汇率传递的重要影响。戈什和拉詹（Ghosha & Rajanb，2009）研究了汇率波动对韩国和泰国的消费者价格指数、进口价格指数的传递程度与演化。其研究结果显示，汇率波动在泰国的传递程度明显高于韩国，且两国货币相对美元变化的传递效应高于相对日元变化的传递效应。汇率传导效应还随着1997～1998年亚洲金融危机和宏观基本面因素的变化而变化。戈皮纳思（2010）利用美国进口价格数据从价格调整频率、货币选择等视角研究了价格黏性在汇率传导机制中的作用。

随着微观数据可获得性的增强，一些研究开始采用企业数据探究汇率变动的微观传导机制。伯曼、马丁和麦尔（Berman，Martin & Mayer；2012）利用1995～2005年法国企业的出口数据研究了异质性企业对汇率变化的反应。研究发现，高生产率企业面对本币贬值的通常反应是大幅提高价格加成，少量增加出口量。由于出口企业往往都是高生产率企业，因此它们的这种调整价格加成以应对汇率波动的方式实际上减弱了对总出口的冲击，使得总出口对汇率波动表现出不完全传递的特点。查特吉、迪克斯－卡内罗和维克纳多（Chatterjee，Dix－Carneiro & Vichyanond；2013）利用巴西在 1997～2006 年间的企业数据研究了汇率冲击对多产品出口企业的影响。研究发现，当本币贬值时，出口企业提升了所有产品的加成率，但是加成率增加幅度随边际成本递减，这一结果也显示了面对本币贬值，企业并非一味增加销量，而是优先提升加成率和利润率。斯特拉瑟（2013）认为，汇率变动对出口量以及出口价格传递微弱的一个原因与信贷条件有关。存在信贷约束的企业会将汇率波动传递到价格上，传递程度是非信贷约束企业的两倍。因而，前者的出口量对汇率变动的敏感性也是后者的两倍。在 2008～2009 年金融危机时期，这种传递效应尤其显著。

总结上述研究，从现象（例如广场协议后汇率波动对美国贸易平衡改变的影响）到理论、再到实证分析，从宏观分析到微观分析，大多数研究都认为汇率波动对进出口商品的价格和贸易量的传导作用是不完全的，即汇率波动并不完全的传递到价格，也不能显著地改变贸易量，其中受到多种因素的综合调节。

二、汇率对国内一般物价水平的传导机制研究

一国汇率波动除了对进出口价格形成传导之外，还可能对国内的一般物价水平、CPI（居民消费价格指数）以及其他资产价格指数形成传导，导致国家之间通货膨胀或紧缩的溢出效应。不过，汇率对一般物价水平的传导还受到一国的汇率制度、货币政策工具以及通胀环境等因素的影响。对于具体的传导机制，不同的研究有不同的看法。最早与此相关的理论是著名的“巴拉萨－萨缪尔森效应”（Balassa－Samuelson effect，BSH）（Balassa，1964；Samuelson，1964），其认为可贸易品部门生产率相对于不可贸易品部门生产率的大幅提高将导致两个部门的物价都上升，进一步使得母国货

币的实际汇率趋向于升值。虽然这一定理是关于经济增长对实际汇率变动影响的理论假说，但是也阐释了不同部门生产率变动、价格水平变动及实际汇率变动三者之间的内在联系，为相关理论研究提供了启示。

国内学者管涛（2004a，2004b）以 20 世纪 70 年代以来 24 个 OECD（经济合作与发展组织）国家为研究样本，利用 IMF 季度数据进行了实证研究。研究发现，这些国家均存在汇率传递效应，且在浮动汇率制度安排下，货币当局会依据国内物价稳定目标来设置恰当的利率水平，名义汇率变动扮演着平衡国际收支的角色。因此，浮动汇率制度相比较于固定汇率制度更有利于隔绝外部冲击。坎帕和古德伯格（Campa & Goldberg，2005，2010）利用多个工业化国家的经验数据检验了 CPI 对汇率波动的敏感性，他们采用加成率、进口投入使用程度等变量加以详细分析，发现 CPI 受到汇率影响的主要渠道是通过进口中间品的投入成本变化而实现的。这种渠道比直接的进口产品价格变化对 CPI 的影响更为重要。这一研究在一定程度上显示了全球价值链贸易中的汇率传递机制与传统贸易中的汇率传导机制的差异，即在全球价值链贸易中汇率通过影响生产中的进口投入成本而影响产品价格。卓提拉和尔霍宁（Junttila & Korhonen，2012）检验了 9 个 OECD 国家的汇率变动对进口产品价格的传递。他们采用了泰勒（Taylor，2000）的模型方程，在控制价格加成、垄断竞争等因素后，采用非线性模型的估计结果显示汇率对价格的传递与一国的通货膨胀机制（通货膨胀经历、惯性、环境等）有关，即汇率的不完全传导机制实际上与该国本身的物价上涨惯性有关，具有国家异质性。伯斯坦和戈皮纳思（2013）回顾了近年来对价格与汇率之间关系的经验和理论研究，发现无论是在灵活价格体系还是在黏性价格体系中，加成率的变动都对汇率传递起到了关键作用。因此，一国的汇率制度安排、通货膨胀环境、进口投入品成本、价格加成率等诸多因素的共同作用会导致汇率波动对不同类型国家的一般物价水平的传递程度呈现出显著性差异。

三、汇率变动对贸易收支失衡、宏观经济的调节作用研究

学者们还研究了汇率波动在过去几十年里对多个国家外部失衡的调节情况，包括美国、拉美等国家的贸易失衡调节状况。一般而言，一国货币价值的实际上升，会减小经常账户顺差，而一国货币价值的实际降低会增加经常账户顺差。不过，学者们往往很难将国内需求因素从经常账户变动的影响中区分出来，例如，一国国内需求的增加也会促进进口的增长，进而使得经常账户顺差减少。因此，如何区分基本面因素与汇率因素是这一领域的研究难题。最近的研究显示，汇率对国际收支失衡的调节能力还与产品质量相关，例如，陈和尤纳尔（2016）的研究指出汇率不完全传递程度取决于本国产品替代外国产品的程度。

第二节 汇率不完全传导的调节因素研究

如前所述，现有研究表明汇率波动对进出口价格和贸易收支的完全传递几近于理想状态，更为符合现实世界的情形则是汇率的传导是不完全的，一些非常重要的因素影响到了这种传导机制。国内外学者针对这些调节因素做了大量的研究工作，并形成了非常有价值的研究成果。

一、依市定价（PTM）理论

对汇率不完全传递进行解释的一个重要理论就是依市定价理论，它由克鲁格曼（1986）、多恩布什（1987）等提出，国内学者曹伟（2016）对这一理论研究做了相关梳理。克鲁格曼（1987）、多恩布什（1987）、马斯顿（1990）以及古德伯格和克内特（1997）等的研究表明企业的 PTM

能力与边际成本、需求弹性等相关。如果企业 PTM 能力越强，企业越有可能依据汇率波动调整其产品的价格加成，进而维持以进口国货币计价的价格不变，此时汇率波动的传递效应趋于零。例如，多恩布什（1987）指出国际贸易中的出口厂商往往具有一定的议价能力，其价格并非是基于完全竞争市场上的价格。当面临不利的汇率冲击时，为了保持一定的出口量和出口份额，汇率的不利冲击会被出口商的价格调整而部分抵消，此时就表现为汇率的不完全传递。因此，决定汇率不完全传递的一个重要因素就是市场的不完全竞争力量，包括市场分割、进口品替代程度以及市场竞争程度等。例如，由于运输成本、贸易壁垒等造成的价格差异，使得商品套购难以实现。当存在汇率波动时，厂商通过一定的不完全竞争的价格调整（降低利润、降低价格加成等方法）保持市场份额，就出现了汇率的不完全传递。因此，在不完全竞争市场中，那些限制竞争的因素就会成为影响汇率传递程度的重要原因。

2000 年以后，学者们以 PTM 理论为主线，进一步挖掘了企业 PTM 形成的原因，包括企业异质性（企业生产率异质性、经营绩效异质性等），商品质量异质性，不同商品目的地市场等。埃克森和伯斯坦（Atkeson & Burstein，2008）考虑了不完全竞争中的企业依市定价对国际相对价格变动的影响。他们利用美国贸易数据的分析结果表明：企业的依市定价取决于市场竞争结构和国际贸易成本。例如，德国汽车在美国的售价与在欧洲的售价差异达到30% ~40%左右。基于上述因素，企业会实施不同的成本加成策略，使得汇率传导不完全。一些研究更加深入地探析了汇率传导机制的决定因素。亚历山德里亚和卡博客（Alessandria & Kaboski，2011）利用微观数据的分析显示，系统性的国际定价差异是偏离购买力平价（purchasing power parity，PPP）理论的重要原因。国际性定价差异与收入水平紧密相关，同样的一篮子商品所支付的价格在高收入国家要明显高于低收入国家。阿米提等（2014）认为，汇率的不完全传导或低传导效应与进口中间品有关，通常大的出口商同时也是大的进口商，出口企业的价格加成能力与其策略性的使用互补性中间投入品有关，这进一步影响了汇率传递效应。在他们的模型中，那些有着高进口份额、高市场份额的企业通常有着较低的汇率传导率。研究进一步利用比利时出口企业数据检验了模型推论，结果显示，进口密集度和市场份额是决定不同行业部门汇率传递效应的关键因素。小的、几乎没有中间品进口的企业有着完全的汇率传递率，而大的、高进口中间品密度的企业有着较低的汇率传导率，由于这些企业占据了绝大部分出口市场份额，也因此决定了较低的总汇率传导率。陈和尤纳尔（2016）研究了产品质量、产品替代程度对汇率传导效应的影响。他们认为汇率的不完全传递程度取决于进口产品替代程度，且与产品质量相关。他们利用阿根廷 2002～2009 的数据进行了实证检验。结论显示，出口产品的需求弹性随着质量而下降，这也意味着质量更高的产品有着更强的依市定价能力，其出口量对汇率变动也较为不敏感。

二、可贸易商品、不可贸易商品的价格黏性

价格黏性是影响汇率传递的重要因素之一。一些经验研究表明，商品贸易在短期中对价格变动是缺乏弹性的，因为改变消费方式和贸易合同需要时间（巴曼尼和拉瑟，Bahmani & Ratha，2004）。因此，在短期中，汇率的价格传递是完全的，会对进出口商品的价格产生显著影响。而贸易量在短期中由于合同限制，不会进行较大的调整，主要对贸易值产生影响。在长期中，由于价格和贸易量的变动是具有弹性的，因此汇率对贸易的影响将转变为不完全传递。贝茨和基欧（Betts & Kehoe，2006）的研究显示，实际汇率的变动不仅取决于可贸易商品的价格对一价定律的偏离，还取决于非贸易商品的价格变化。伯斯坦等（2007）认为非贸易商品的价格黏性在名义汇率的大幅度贬值中起了关键的促进作用，结果导致实际汇率的大幅度贬值。如果这种价格黏性消失，即价格体系保持足够的灵活性，那么实际汇率在名义汇率贬值后就不会下降，进而不会形成汇率传递。

纳卡姆亚等（Nakamura et al.，2010）考察了咖啡进出口市场的价格黏性问题。他们发现在汇率波动的情形下，厂商的价格加成并没有完全依据价格波动进行调整，这表明还存在边际成本的调整空间，也就是进出口厂商会依据汇率波动造成的价格波动，进而调整边际成本，包括物流成本、进口中间品成本等，通过成本的调整保证了厂商与之前相等的加成率。德弗罗和爱特曼（Devereux & Yetman，2010）研究了汇率波动对消费者物价指数传递的决定因素，也认为价格黏性是一个关键性因素。通过对低通胀率国家的数据模拟显示，价格调整频率越低，其汇率传递越弱；当提升价格调整频率后，汇率传递效应也随之提升。戈皮纳思等（2007）研究了货币选择与汇率传导的关系。他们分析了美国进口商品的货币选择与价格数据，发现汇率波动对使用美元（传递率是平均价格的25%）与非美元货币（传递率是平均价格的95%）计价的进口交易存在巨大的传递差异。戈皮纳思等（2010）利用美国进口价格数据所进行的研究则表明那些价格调整高频商品的汇率传递达到40%，至少是价格调整低频商品的两倍。价格调整高频商品的定价更接近最优定价，以抵消汇率波动对其成本的冲击。罗德里格斯－洛佩斯（Rodríguez－López，2011）提出了一个基于工资黏性的汇率传递模型，并同时考虑了异质性企业和内生加成率的影响。他认为，在企业进口价格与总进口价格中汇率传递水平均较低。面对汇率冲击，企业对加成率的调整与生产率水平有关，也与汇率冲击后的竞争环境有关。并且面对升值和贬值，企业的价格调整是非对称的，因此汇率传递程度在升值与贬值两种形势下也是非对称的。

因此，贸易品和非贸易品的价格黏性是阻碍汇率变动向一国进出口价格、进出口量进行传递的一个重要影响因素。一般而言更灵活的价格体系和市场机制，意味着资源重新配置的阻力更小，价格及贸易对汇率变动的反应也会更为灵敏。

三、通货膨胀环境因素

汇率传递也受到一国的通货膨胀环境因素的影响。泰勒（2000）设立了汇率传递效应与通货膨胀率之间的方程，研究了一国通货膨胀环境对汇率传递效应的影响。他发现，一国的通货膨胀率水平提高的同时，汇率传递效应也会加大。奥德拉、卡斯蒂略和罗德里格斯（Odria，Castillo & Rodriguez；2012）研究了一国所采用的通货膨胀目标政策是否会改变汇率传递效应。他们以秘鲁为研究对象，发现采用通货膨胀目标政策尽管会导致汇率的波动性提升，但也降低了贸易中使用外币定价的企业比例，进而导致汇率传递效应减小。进一步，他们采用 VAR 模型检验了秘鲁在 2002 年采用通货膨胀目标政策以后的汇率传递效应，结果发现这一政策的实施显著地降低了汇率变动对进口价格、生产者价格和消费者价格的传导作用，这些研究证实了汇率传导效应受到通货膨胀环境的影响。

古德伯格等（2008）认为非贸易成本（劳动力成本等）和进口投入品的大量使用是汇率不完全传导的一个重要原因，可以解释 50% ~78% 的不完全传导，而这些因素的存在与一国的经济结构有关。例如，发展中国家有大量的隐形劳动力，当汇率波动时就可以通过改变劳动力投入成本来抵消汇率冲击。大量使用中间品，也会导致汇率的传导作用削弱，因为中间品与出口产品在收支方面恰好是背离的。马利克和马克斯（Mallick & Marques，2012）研究了市场异质性与贸易开放程度对汇率传递效应的影响，他们采用印度在 1992 ~2005 年间的出口数据，引入产品差异、贸易保护水平、出口目标市场开放度（出口到巴西、中国和南非，G3 市场）等多种变量，发现市场异质性会影响出口企业的 PTM。在竞争更为激烈的 G3 市场，印度出口企业通过调整 PTM 来吸收汇率波动，但在其他新兴市场，汇率传递则是完全的。

四、汇率制度、交易货币种类选择以及贸易摩擦等因素的影响

另外，汇率传导机制还受到汇率制度、贸易开放程度以及国家经济结构差异等因素的影响。戈皮纳思（2015）的研究显示，国际贸易中的货币种类选择也会影响到汇率传导性，全球贸易中选择美元作为交易货币的贸易份额是美国占世界进口份额的4.7倍，也是美国占世界出口份额的3.1倍，而选择欧元作为交易货币的贸易额是欧盟进出口份额的1.2倍。其他货币仅发挥较小作用。伊藤，佐藤和清水（Ito，Sato & Shimizu；2016）利用日本企业的股价变化与汇率波动的同步性来估计其风险暴露，结果显示对外部市场依赖很大的公司会面临很大的风险暴露，另外以美元计价的份额越大，风险暴露也会相应地增大。但是公司通过金融市场的对冲交易则可以降低风险暴露，采用日元计价也可以降低风险暴露。

麦斯和迈斯纳（Mathy & Meissner，2011）认为，在全球贸易一体化的趋势下，货币政策和汇率制度对经济周期性波动的传导非常重要。他们认为1929～1933年的经济大萧条与固定汇率制度有很大关系，但是随着小型的货币与贸易合作集团的涌现，固定汇率制与贸易波动传导之间的关联性在集团间有所降低。哈桑，梅尔滕斯和张（Hassan，Mertens & Zhang；2016）的研究显示，当一个大国将其货币盯住目标国的货币时，会导致资本从目标国转向该大国，并且这一效应随着目标国的经济规模增大而增大。在套利交易（Carry Trade）驱动下，低利率国家倾向于低回报，因为在经济不景气时，它的货币将升值，而在经济景气时，它的货币将贬值。他们进一步认为，汇率操作会改变上述套利原则，当经济不景气时，汇率操作将促使本国货币升值，降低利率和资本使用成本，进而促进资本积累。

伊顿、图姆和内曼（Eaton，Kortum & Neiman；2016b）利用他们（2016a）建立的多国动态生产与贸易模型，检验了布斯特菲尔德和罗戈夫（Obstfeld & Rogoff，2000）提出的贸易摩擦假设，并发现贸易摩擦在一定

程度上也可以解释汇率的不完全传导。

最后，在全球经济一体化的背景下，生产结构差异、劳动力结构差异等也会改变贸易长期发展的趋势，一些拥有大量未被充分利用的劳动力的国家融入世界经济中，如印度，这些结构性因素势必会影响到汇率的传递效应。另外，经济体的经济结构失衡，例如美国等经济体在2000年以后的储蓄与消费方面的巨大失衡，是导致其贸易结构失衡的一个重要原因。因此影响贸易变化的因素不仅仅取决于汇率波动，也存在一些长期性的结构因素，它们的存在可能削弱汇率变动对贸易平衡的作用。

第三节　全球新竞争贸易态势下的汇率传导机制研究

一、企业异质性与汇率传导效应研究

异质性企业理论（梅里兹，2003）的出现以及在国际贸易研究领域的大量应用，为汇率传导效应的研究提供了新的视角和研究方法。基于企业异质性开展的汇率传导效应研究大致分为两类：一类关注异质性企业因素对汇率传导的调节作用，这一类研究较多；另一类则关注汇率传导与企业异质性因素（例如生产率等变量）的相互作用，特别是在动态环境下考察这种作用机制及汇率的传导效应，这一类研究则相对较少。

（1）第一类研究主要解析了汇率传递不完全的微观原因。其中，企业的依市定价（PTM）理论仍是主线。研究进一步从企业经营绩效、市场控制力和商品质量等方面讨论企业依市定价行为的异质性（曹伟，2016），但更加强调PTM的内生性，认为它是基于企业异质性的一种结果。例如，企业的经营表现越好，其越有可能通过调整成本加成吸收汇率变动，以维持商品在出口市场的不变价格及市场控制力。梅里兹和奥塔维亚诺

（Melitz & Ottaviano，2008）的研究显示，生产率越高的出口企业，其在进口市场面临的需求弹性越低，对价格的控制能力更强。当出口国货币贬值时，企业往往并不扩大销量，而是提高价格和成本加成率，维持出口商品在进口国的价格不变，因而汇率传递效应趋于零。奥尔和钱尼（Auer & Chaney，2009）构建了一个基于竞争性贸易市场的汇率传递模型。他们认为激烈的市场竞争以及递减回报的生产供应体系使得企业的产品定价对汇率波动很敏感，且质量存在差异的产品有着不同的汇率传导效应，低质量产品的价格对汇率波动更为敏感。因而，当汇率升值时，出口产品结构会有所调整，会逐渐转向高质量产品和更贵的产品。不过，他们利用美国进口数据所做的计量分析却并不太支持他们的理论推论。伯曼等（2012）研究了出口企业对实际汇率变化的异质性反应，他们发现出口量对汇率变动的反应弹性在不同企业中的表现不一样，高生产率企业可以更多地通过出口产品价格加成的调节吸收汇率波动的影响效应。由于高生产率企业的出口占了全部出口的大部分，因而异质性因素弱化了汇率波动对总出口的影响。俞（2015）认为出口企业既通过调整成本加成，也通过产品质量差异化来吸收汇率波动风险，产品质量差异的范围也是重要因素之一。出口企业对汇率波动的吸收程度与产品质量差异化范围呈反向关系。陈和尤纳尔（2016）也研究了出口企业的产品质量差异对汇率传递效应的影响。他们认为，产品质量差异越大，高质量企业越能吸收汇率波动，实现不完全传导。除了产品质量之外，进口产品之间的替代程度也有影响。他们利用阿根廷 2002 ~2009 年的数据分析证实了这一推论，即从产品质量差异、产品替代程度视角解释了汇率波动不完全传导的原因。

（2）在第二类研究中，学者们开始考虑汇率对微观企业出口行为的影响。汇率作为两种货币之间的比价，其变动必然会影响到企业的产品价格和进口中间品价格，进而影响企业的生产成本、利润及出口选择行为。在动态视角下，长期会影响企业的投资行为，最终改变企业生产率。汇率变化带来的出口收益波动，有可能通过选择机制将部分企业逐出出口市场，当然也会使得部分高效企业获得更大的市场份额，出口市场出现重组。例如，汇率（本币）升值下的竞争压力将促使劣势企业被淘汰，剩余市场、订单由竞争力更强的企业获取，这些企业的生产规模可能扩大，规模经济效应将进一步促使它们提高投资、改进生产率，从而获取更强的竞争力。最终，本币升值使得出口市场实现资源重新配置，改进了出口市场的效率。哈里（Harri，2001）认为汇率变动会同时通过需求机制和供给机制影响生产率。就本币贬值而言，一方面，使得本国出口商品更具价格优势，出口规模扩大，企业生产率提高。另一方面，本币贬值使得进口资本品价格上升。同时贬值降低了加拿大企业的进入退出率，导致创造性破坏的过程被延缓。施纳布尔和鲍尔（Schnabl & Baur，2002）研究了1985年日元升值与日本企业出口价格变化的因果关系，他们采用了格兰杰（Granger）检验，研究结果显示：由于日元升值所带来的出口竞争力下降迫使日本企业实施降价策略，并努力提高生产率，以减缓本币升值带来的压力。这既显示出了汇率的不完全传导效应，也显示出汇率对企业生产率调整以及适应汇率波动能力的影响。冯（Fung，2009）研究了新台币升值对中国台湾地区企业的生产率变动的影响，他的研究（利用1986年、1991年、1996年的生产率数据）发现，新台币的实际升值提升了企业生产率的整体水平。其原因一方面在于本币升值加剧了市场竞争的激烈程度，加速了企业间的优胜劣汰，促使一部分低生产率的企业退出市场。另一方面，规模经济也是促进企业生产率提高的一个重要原因，部分企业市场规模的扩大带来了生产率水平的提升。此外，升值所带来的竞争压力会促使部分企业采用新技术，这也是企业生产率提升的另外一个重要原因。埃克霍姆（Ekholm，2012）对挪威制造业企业2000～2004年数据的实证检验显示，这一时期生产率提升的73%可归因于企业对新技术的采用。因此，相当一部分研究的结论显示本币升值在短期内会对本国经济造成负面的冲击，但在长期内可能促使本国企业努力提高生产率水平，以强化抵御汇率波动冲击的能力。

二、全球价值链中的汇率传导机制研究

早在 20 世纪 80 年代，针对广场协议之后现实的汇率变动在调节国际收支方面的作用有限这一现象，部分学者指出，这种汇率不完全传导可能与全球经济一体化下的产业组织、跨国公司全球运营以及垂直一体化分工等有很大的关系。特别是从 20 世纪 80 年代开始，日本的汽车厂商已经将汽车生产的部分环节转移到了东南亚国家，这种全球生产布局肯定会缓冲日元升值对日本出口贸易的影响。不过，迄今为止，这方面的研究仍非常少，原因之一是对全球价值链贸易的研究也才刚开始。从 21 世纪开始，新兴经济体的快速发展为全球贸易发展提供了巨大的推进力，学者们才意识到全球价值链贸易可能是决定汇率不完全传导的一个重要因素。新兴经济体越来越多地融入全球经济中，进口与出口的联系越来越紧密。新兴经济体在资源要素、劳动要素等方面的充分供应促使国际供应链加快形成。即使经历了 2008 ~ 2009 年的全球金融危机，国际贸易受到巨大冲击，但其恢复速度之快也是罕见的。世界经济多极化的出现，加之主要新兴市场的巨大需求（特别是中国），使贸易得到迅速复苏。这些都是新贸易态势的重要表现。

伯纳德、詹森和肖特（Bernard，Jensen & Schott；2009）利用美国公司在 1993 ~ 2000 年的数据分析显示：大的出口企业通常也是大的进口企业，它们的增长通常要快于非贸易型企业。库格勒和维霍根（Kugler & Verhoogen，2009）利用哥伦比亚的制造业企业数据研究了进口投入的影响效应。其研究显示，生产率较高的企业会选择高质量的进口投入品，其支付的价格也显著高于国内产品。本和约翰逊（Bems & Johnson，2015）研究了基于价值链的实际有效汇率变动。在价值链中，供应端的联系改变了相对价格变动影响竞争力的机制，例如日元贬值不仅会提升日本产品的竞争力，也会提升与日本有着紧密的供应链联系的亚洲其他国家产品的竞争

力，因为日元贬值降低了他们的生产成本，特别是在中间品投入非常重要时，这对价值链贸易的影响也是巨大的。卡萨斯，迪伊兹和戈皮纳思（Casas，Díez & Gopinath；2016）研究了一个开放的小型经济体在贸易中采用国际主导货币定价的情形（而非本国或进口国货币）。他们的模型推论显示，如果存在价格互补和进口中间投入的情形，则不论是商品的来源国或是目的国，主导货币的汇率波动都具有很强的传导性，而非主导货币的汇率波动则具有较弱的传导性。

一种观点（奥利伍德、鲁斯蒂切利和施韦尔努斯，2015；艾哈迈德、阿彭迪诺和鲁塔，2015）认为，全球价值链可能会削弱汇率与贸易的联系。例如，恰拉扬和迪（2010）利用产业部门的贸易流量数据研究了汇率波动对美国与13个发达经济体和新兴经济体贸易的冲击影响，发现影响效应很弱。他们认为其中的原因在于：一方面，生产的不同阶段在不同经济体之间的布局实际加强了不同经济体之间的联系，进而使得跨国供应链或企业经营策略不会因为汇率波动而做出大幅度调整，也即汇率波动会被跨国生产链条内部的企业吸收掉。艾肯格林和彤（Eichengreen & Tong，2015）的研究显示，人民币升值仅对外国向中国出口的最终品产生显著影响，中间品供应商并未受到显著影响。这从一个侧面反映了全球价值链中的进出口活动对汇率波动不敏感。艾哈迈德、阿彭迪诺和鲁塔（2015）认为，汇率传递效应的强弱与一国嵌入全球价值链的程度紧密相关。生产体系的全球碎片化使得具有国内附加值的出口产品在出口总量中的比例逐渐减少，也就相应地减少了汇率波动对贸易的冲击影响。另一方面，汇率波动对既有出口又有进口的企业存在正反两方面的作用，也降低了对贸易的冲击影响。例如，本币贬值将提高进口中间产品的成本，但也可能促进出口，两者的作用存在一定抵消。

当然，也有一些学者认为全球价值链贸易下的汇率传递效应仍然显著。例如德鲁克等（2015）认为近期的美元升值对新兴市场产生间接损害，那些汇率制度灵活性较差的国家受到的影响更加严重，进口资本及投资活动受到抑制。李（Li，2015）的研究显示，中国出口产品的人民币价格对汇率波动的反应非常小，这意味着以外币标价存在较强的汇率传导效应，人民币升值会降低出口产品进入外国市场的概率和持续出口的可能性。

一些国内学者也开始逐步关注我国加工贸易对汇率传导效应的影响。在黄志刚（2009）所构建的宏观经济多国模型中，将加工贸易部门纳入其中，研究结论显示，加工贸易企业的最优化定价策略弱化了汇率波动的传导效应。在倪得兵、范建昌和唐小我（2013）所构建的供应链运作博弈模型中，包含了零售商、制造商与供应商三者，研究需求和汇率风险在供应链中的传导方式。在倪、范、唐三位学者（2015）的文章中，进一步讨论了在包含零售商、制造商和供应商的供应链运作模型中，汇率波动可能给制造商带来的汇率风险。余娟娟、林玲（2013）则认为，国际垂直专业化分工会导致中间品贸易的快速发展，其所带来的生产成本的改变会相应地抵消人民币升值对出口价格的传递，进而导致汇率的不完全传导。他们利用1994～2010年间的数据计算了刻画中国参与国际分工程度的垂直专业化分工指数（share of vertical specialization，VSS）指标，比较了垂直专业化分工模式下与传统分工模式下出口收入对人民币汇率变动的敏感程度。研究结论表明，在垂直专业化的分工模式下出口收入对汇率波动更不敏感，因此在现代分工模式下汇率的出口传导效应可能被弱化。并且随着国际分工程度的不断深化，汇率手段作为调节国际收支的工具可能会逐渐失效。张中元、张茜（2016）利用中国和日本在1995～2013年间高度细分的进出口贸易数据检验了进口商品价格中的汇率传导效应。其研究发现，产业内贸易是影响汇率传导效应的一个重要因素，并且中国在垂直型产业内贸易中由低端贸易地位向高端贸易地位演进的过程中，汇率对进口价格的传导效应更为显著了，但存在一定的产业差异性。在日本对中国出口的优势产业中，产业内贸易有助于降低汇率对进口价格的传导效应，而在水平型和高质量垂直型产业内贸易行业中，产业内贸易的影响则并不显著。

张茜（2017）的研究选取了中韩 1995 ~ 2014 年的 HS6 位数代码的产品，并细分了产业内贸易类型。在控制了金融危机、汇率制度两个因素后，发现产业内贸易水平也显著地影响了人民币汇率对中国从韩国进口商品价格传导的异质性。当在某一行业中中国处于低质量贸易地位，产业内贸易水平的提高则显著地降低了汇率传导效应；而当在某一行业中中国处于高质量贸易地位，产业内贸易水平的提高则显著地提高了汇率传导效应。

汇率的传导效应与边际成本以及商品的需求弹性相关（曾利飞，2016）。需求弹性与产品边际成本的不同组合模式又产生了汇率传导的多样性，即过度传导、完全传导、不完全传导和逆传导等，并具有非线性和非对称性的特点。

综上所述，有的研究认为全球价值链贸易的盛行会削弱汇率的传导效应；而有的研究则认为全球价值链贸易中汇率传导效应依然显著，但具体作用机制还有待挖掘，此外，也缺乏相应地多国贸易数据来深入检验这种机制的存在性。

三、国际货币政策联系与汇率传导效应研究

从本质上而言，汇率波动是国际货币政策变动的结果。但是较少有研究将货币政策、汇率波动及其传递效应研究三者联系起来，从一个更为全面的视角审视汇率传递的源头及其效果。奥德拉等（Odria et al.，2012）以秘鲁为研究对象的模拟分析中表明通货膨胀目标会显著地降低汇率对进口价格、生产者价格和消费者价格的传导效应，表明货币政策选择与汇率传导效应之间密切相关。从现实来看，全球金融市场的一体化程度在不断提高，美国的货币政策变动、联邦基准利率的变化都会对国际资金的流动以及汇率变动产生很大的影响，并促发其他国家调整货币政策。因而这种货币政策的溢出效应使得不同经济体的宏观经济政策相联系，有可能影响汇率的传导机制。另外，货币政策具有多重效应，它的调整更多源于平衡

内部经济，其间接影响才是导致汇率的变动。当内部经济发生改变时，它又会与汇率的传导相互作用，结果导致汇率传导效应改变。例如，在2016年以后，美国调整了货币政策方向，使得各国的货币政策步调之间的差异显著，引发了新一轮的汇率大幅波动。近两年美国经济走强，美联储随之提高了利率，而其他发达经济体并未这么做，甚至与之相背而行。这种政策调整一方面导致美元升值，对其他出口国的贸易产生汇率传导效应，但是另一方面也改变了美国的整体国内需求（包括进口需求），可能对原来的汇率传导效应产生一定的间接影响。

2008～2009年全球金融危机之后，包括美国在内的一些国家大量使用了非常规货币政策（或量化宽松政策），学者们开始关注其溢出效应。国际货币基金组织（IMF，2015）认为，美国的非常规货币政策降低了市场不确定性，使得所有国家从中获益，他们估计这一政策推动了世界产出超过1%的增长。美国的非常规货币政策实施后，资产价格相应上涨，资本流量增大。但由于部分发达国家和新兴国家并未相应地实施对等政策，两者之间的政策差异使得利率差异显著，引发了大量的套利活动，国际之间的资金流动迅速扩大。其中在2008～2010年，向新兴国家市场的累积净流入增长了1.1万亿美元，超出所预测的长期结构性趋势近4700亿美元。巴西、加拿大、中国、韩国、土耳其和泰国等国的资产价格、股票、房地产价格均持续上涨，信贷迅速扩张，相应地增加了这些国家的企业杠杆率和外汇暴露。

因此，各国宏观货币政策调整、汇率制度差异等宏观变量也是影响或决定汇率传导机制的重要因素。一般而言，主要货币的汇率发生较大幅度波动，反映了各国经济增长率和货币政策的差异。当一国的资本可自由流动，且货币可自由兑换时，货币市场与外汇市场关系密切，利率与汇率之间存在灵活有效的传导机制。例如，张晶晶、刘凌（2014）的研究发现美国的价格和数量型货币政策的实施对人民币名义与实际汇率、名义利率的影响效应并不显著。但是价格型货币政策冲击可以在一定程度上解释中美利率差，而数量型货币政策的冲击则会影响人民币兑美元的汇率差。德鲁克、马古德和玛丽斯卡（Druck，Magud & Mariscal；2017）的研究显示，预期美元持续坚挺和美国利率上涨在短期内可能会进一步抑制新兴市场经济体的发展。他们举例说明，在20世纪80年代初，美国出现严重通货膨胀后，美联储收紧了货币政策，实际利率达到8%，结果是美元升值，商品价格下降。美国利率的升高导致国际融资成本急剧上升，并引发拉丁美洲和一些其他发展中经济体的主权债务危机。另外，由于利率上升，美国国内需求下降，而新兴市场经济体的国内需求又无力，导致新兴市场发展滞缓。因此，当美元处于升值周期时，商品价格疲软，往往会降低新兴市场的增长。这一机制也说明，即使外国货币相对美元贬值，但是由于美国国内需求的下滑，促使外国向美国的出口增长并没有想象得那么大。因此汇率传导机制不完全的部分原因可能来自宏观货币政策的多重效应（不仅影响汇率，也影响进口需求）。但是长期以来，货币政策调整与汇率传导机制的研究往往被忽略。

就我国货币政策对汇率的传导而言，周忻（2011）提出中国的利率与汇率之间尚未形成有效的传导机制。其原因与张辉、黄泽华（2011）的分析结论相似，即虽然我国货币政策与汇率波动存在一种长期均衡关系，但货币政策并不是人民币汇率波动的主要推动力，其原因可能在于汇率非市场化的制度安排、对资本自由流动的限制以及强制结售汇制度等。陈、希金斯、瓦格纳和查（Chen，Higgins，Waggoner & Zha；2016）研究了中国货币政策的传导特征。他们在泰勒（1993、2000）框架下引入了制度因素，发现中国货币政策的设计主要是为了支持中央政府的GDP（国内生产总值）增长目标，同时要避免通货膨胀压力，进而使得中国分省的GDP随货币政策调整而系统性波动。制度约束限制了中国货币政策主要工具从M2增长调控转向名义利率的调控政策。

货币国际化也可能影响汇率传递效应。王胜、廖曦（2017）将汇率传导、利率规则与生产冲击之间的联系机制置于人民币国际化的背景下。其研究发现伴随着人民币国际化程度的提高，人民币汇率的传递程度也上升，并对两国的最优货币政策产生直接的影响。人民币国际化程度对汇率波动幅度的影响还取决于均衡的模式，在纳什均衡中人民币国际化加大了汇率的波动幅度，而在合作均衡中汇率波动幅度则呈现出先增后减的变化趋势。

另外，汇率制度变量也是影响传导机制的一大重要因素，它与货币政策结合，对汇率的贸易传导产生一定的影响。从理论上而言，开放的国际资本市场更适合采用自由浮动汇率制度，因为不同经济体出于平衡国内经济的需要，可能采用不同步的货币政策，并导致利率差异发生显著变化。在国际资本套利活动的驱动下，必然导致远期汇率发生改变，以平衡金融市场的套利活动。汇率波动既是平衡国际金融市场所需，也会在一定程度上引致国际贸易活动的变化。但是，在很多时候，一些国家和地区采取了固定汇率制（例如人民币有管理的浮动汇率制度等），这使得本币币值改变以反应货币政策差异的机制受阻。汇率不能自由浮动，一方面会加大国际资本的套利活动，对本国金融体制形成冲击；另一方面也会影响汇率对贸易的传导作用，有可能使得贸易活动与货币政策调节宏观经济的方向趋于背离，削弱货币政策的效应。例如，当一国经济不景气时，其采取了低利率货币政策，这驱使大量的国际资本撤离该国，如果资本套利机制发挥作用，则在长期中该国的货币应该升值（即期贬值），以抵消资本套利力量。但是在固定汇率制下，货币币值变动有限，就会加大国际资本做空力量，增加预期的不确定性，产生汇率风险；另一方面固定汇率（即期无法贬值）也不利于扩张性货币政策目标的实现。

还有学者研究了汇率传递可能对货币政策选择的作用。王胜（2015）的研究表明国际货币的比重、汇率传导程度、一国经济的开放程度、货币需求弹性等多重因素共同决定了一国的最优货币政策选择。国际货币的比重及汇率传导程度的加大均能促进宏观政策调控有效性的提升。王胜、孙一腾（2017）进一步研究了汇率传导对中国货币政策工具选择的影响，他们认为汇率完全传递时，价格型工具（以通胀为主要目标）对经济的调控效果在整体上优于数量型工具（以货币供给量为主要目标）。但是在汇率不完全传导的情况下，价格型货币政策工具的使用会导致产出缺口出现更长时间和更大幅度的波动，这时两种货币政策工具各有优劣。他们还认为，在面临外国生产率和本国成本推动冲击时，数量型货币政策工具是汇率完全不传导时更好的政策工具选择。

第四节　人民币汇率传导机制研究

一、人民币汇率变动对进出口价格及我国通货膨胀传导效应研究

对人民币汇率传导效应的大量关注源自 2001 年中国加入 WTO 后的对外贸易的快速增长。国家统计局数据显示，2001 年我国进出口总额为 0.51 万亿美元，2016 年进出口总额达到了 3.7 万亿美元，约为入世前的 8 倍。可见，加入 WTO 后中国的对外贸易呈加速发展态势，与贸易伙伴国的联系更为紧密，同时贸易争端也日益增多，其中中美贸易的持续逆差受到广泛而持续的关注，国内外政界和学术界开始有人提出人民币币值的刻意低估是导致这一问题的根源，人民币升值将有可能减少甚至彻底消除中美贸易中存在的巨额逆差。面对人民币升值的强烈呼声，国内学者开始重视对汇率波动传导机制的研究（卢向前、戴国强，2005；陈学彬、李世刚和芦东，2007；施建淮、傅雄广和许伟，2008 等），以期对上述问题给出明确的答案。

2005 年 7 月 21 日，央行宣布人民币升值 2%，并建立以市场供求为基础，参考一揽子货币进行调节的有管理的浮动汇率制度。在新的汇率制

度下，人民币不再单纯盯住美元，因而波动幅度逐渐加大，对进出口商品价格以及国内物价水平产生了更为重要的影响。但是，即使在 2005 年中期以后，人民币开始不断升值，中国的贸易顺差仍在持续扩大，这也显示推进贸易增长的不一定是人民币汇率低估问题，可能更多来自经济结构本身，也可能一些其他因素削弱了汇率传导机制。总体而言，人民币汇率波动对价格传导作用的相关研究大致可分为以下三类：

（一）人民币汇率对进出口价格、CPI 等指标的传导作用研究

这一领域的文献资料非常丰富，国内学者采用不同类型的数据，利用不同的研究方法试图发现人民币名义和实际汇率是否对我国的进出口价格及国内价格水平产生显著的影响。李颖（2008）利用月度数据进行实证研究所得出的结论显示人民币名义有效汇率对进口价格总水平的传导效应显著，但对不同类别商品的进口价格的影响却存在着较大的差异。李颖、栾培强（2010）认为人民币汇率变动对进口价格的影响最大，之后是生产者价格和消费者价格。2005 年 7 月汇率制度改革之后，人民币汇率传导效果呈平缓上升趋势，汇率形成机制和一国经济规模是影响汇率传导效应的重要因素，并且资产价格和货币供给是人民币汇率影响国内物价水平的重要途径。刘亚、李伟平和杨宇俊（2008）对人民币汇率变动对 CPI 的传导效应的研究则显示以 CPI 表示的通胀水平对人民币币值变动并非十分敏感，传导不完全且存在明显的时滞。而倪克勤、曹伟（2009）的结论则显示人民币汇率对 CPI 的传导效应呈下降趋势，通货膨胀率、汇率波动率和实际 GDP 是影响人民币汇率传导效应的主要因素。王晋斌、李南（2009）采用 2001 年 1 月到 2008 年 3 月的数据进行实证分析，发现汇率波动对进口价格的传导程度较高，但是从进口价格传递到国内消费者价格水平的程度则较低。但在 2005 年 7 月汇率制度改革之后，短期和长期的汇率传导效应均有显著的提高，因此认为弹性更大的汇率制度更有助于消化和吸收他国物价水平变动对我国物价水平造成的冲击。施建淮、傅雄广和许伟（2008）的研究发现，总体而言，汇率变化等外部冲击只能在一定程度上解释我国国内价格的波动。但是在 2005 年 7 月汇率制度改革之后，人民币升值则显著地降低了国内通货膨胀水平，且对不同类型消费品价格的传导效应存在显著差异。吴志明、郭予锴（2010）认为虽然汇改前后人民币汇率变动的传导效应均不高，但是汇改之后对工业品出厂价格指数的传导效应变小，而对消费者价格指数的传导效应有所增加，其原因在于传导路径中成本机制效应的弱化和预期机制效应的增强。

在汇率价格传导的研究方法上，学者们纷纷做了改进，提出了很多不同的研究方法。例如，项后军、许磊（2011）采用了非线性计量方法研究一国通货膨胀程度与汇率传导系数之间的关系。当通货膨胀程度较低时，汇率传导系数基本为负数；反之，通货膨胀程度较高时，汇率传导系数则基本为正数。揭示了在不同通胀环境下汇率对国内物价水平传导的不同反应机制。张海波、陈红（2011）所采用的是 VAR 模型、脉冲响应函数以及方差分解方法。研究发现，在汇率波动的不同阶段，其价格传导效应存在显著差异，且为不完全传导。王胜、田涛（2013）通过将汇率变动划分为四种区制，即小幅升值、大幅升值、小幅贬值、大幅贬值，采用脉冲响应分析考察了不同区制范围内汇率对国内价格水平的传导效应，研究发现汇率变动对国内价格水平的影响是非对称的，即贬值促进物价上涨，且贬值幅度越大，对物价水平的影响越大。但是，小幅升值却不会抑制物价水平的上涨。金成晓、朱培金和朱亚莉（2013）构建了非线性 LSTAR 模型，发现影响一国通货膨胀的主要因素包括惯性、产出缺口、名义有效汇率变化率和差额货币变化率等，人民币的升值并不能弱化通货膨胀。

（二）人民币汇率对不同行业、不同种类商品价格的异质性传导作用研究

随着研究的推进，学者们开始更为深入地考察汇率传导效应在不同细分领域的行业或商品上表现出的差异。陈学彬、李世刚和芦东（2007）将我国出口商品按照协调制度（harmonized system，HS）分为 22 种商品，采用 2001 年 1 月到 2007 年 8 月的面板数据进行了实证考察。结果发现，不同行业的出口商品面对人民币升值时的价格波动存在很大的差异。当比较优势、加工贸易特征、市场结构、国外市场的竞争程度等因素被控制之后，我国具有比较优势的劳动密集型行业的盯市能力较强，出口企业采取降低出口价格的方式应对人民币升值；而以加工贸易为特征的，以及部分的高科技企业的汇率传导则是不完全的。黄满盈、高志存（2012）采用2001 年 1 月到 2010 年 12 月按照 HS 细分的中美双边贸易数据进行了研究。结果显示，人民币升值对 HS16、HS20、HS11 三大类商品的出口价格影响很小，而这三大类商品占到了中美贸易不平衡的 85% 以上。因此，他们认为可以通过适度增加人民币汇率的弹性以促进企业抗风险能力的提升，以及促进企业国际竞争力水平的提高。曹伟、申宇（2013）基于海关统计数据计算了 13 个行业的进口价格指数和行业汇率指数，利用 1996 年 11 月到 2011 年 10 月的数据，采用两阶段工具变量法和滚动回归法检验了人民币汇率波动对进口价格的传导效应，发现传导效应较小的行业包括纺织、塑料、化学等劳动密集型和低技术行业；基本不敏感的行业包括原油、黑色金属、有色金属等矿产类行业；“逆传导”的行业包括通用、专用设备及电器行业；无反应的行业包括交通运输行业和电子信息行业；但煤炭、造纸和食品类行业的传导效应较强。张兴华、罗彪（2017）运用结构 VAR 计量模型，结合 2000 ~ 2013 年的季度数据进行研究发现汇率变动对不同类别的消费者价格指数的传导率显著不同，对食品、衣着、居住类价格指数的传导率较高；对家庭设备、交通通信、娱乐文化、医疗健康类价格指数的传导率较低。可见，由于不同行业或不同类别的商品具有不同的性质与特征，对人民币汇率变动的反应也呈现出很大的差异，对总体价格的研究由于掩盖了这些差异而过于笼统，甚至产生谬误。

（三）人民币汇率不完全传导的原因研究

部分学者探讨了人民币汇率对进出口价格及国内价格水平不完全传导的原因所在。徐奇渊（2012）认为导致这一结果的原因在于加总的 CPI 指数不能反映各地区受到内外冲击程度的差异，因而会误导对汇率传导效应的分析，如果排除这一干扰因素，事实上这一效应是显著的。肖文、潘家栋（2017）发现汇率对出口价格的传导效应与出口企业生产中的中间产品来源、国外需求价格弹性等有关。符大海、张莹和卢伟（2017）基于2005年7月到2014年6月我国31个省市的月度面板数据，考察在地区经济结构、发展水平、对外开放程度和制度环境不同的情况下，汇率波动对不同地区居民消费价格指数的差异化影响。结果发现人民币升值对国内物价水平的影响为负，且存在明显的地区和产品差异。潘长春（2017）利用1997年1月到2016年6月数据采用时变参数向量自回归模型的研究结果显示，在样本区间内人民币汇率的价格传导效应表现出先升后降的变化历程，有显著的时变特征，且汇率传导呈现不完全且存在一定时滞的特征。研究表明汇率制度改革、经济周期、通货膨胀等都是影响汇率价格传导程度的因素。

综上研究，对人民币价格传导效应的计量实证研究居多，理论支撑较为缺乏。由于实证研究更多表明了数据之间的计量相关性，而无法得出变量之间的前后因果关系，以及控制变量，或遗落变量等原因，使得这些计量分析的结论很可能是不准确的，或者有错误的。因此对汇率价格传导效应的研究还需要包含有基本面因素的理论支撑。

二、人民币汇率波动对进出口贸易量的传导效应研究

人民币汇率波动对贸易量或贸易值的影响是国内进行汇率传递研究的又一领域。

（一）人民币汇率对贸易量传递效应强弱的争论研究

国内学者对人民币汇率对贸易量或贸易值的传导作用持两种相反的观点。一类认为人民币汇率变动对贸易量的传导效应显著。卢向前、戴国强（2005）采用协整向量自回归方法对我国1993～2003年间人民币实际汇率波动对进出口影响进行了实证检验。结果显示，马歇尔－勒纳条件在中国

是成立的，人民币币值波动对我国进出口存在显著的影响，且存在J曲线效应。刘尧成、周继忠和徐晓萍（2010）对人民币币值变动对我国贸易差额，特别是中美贸易差额进行分析得出了相似的结论，即人民币汇率波动存在贸易收支弹性效应以及J曲线效应。李宏彬、马弘和熊艳艳和徐嫄（2011）采用2000～2006年中国工业企业数据，从微观层面估计了人民币汇率波动对微观企业进出口值的弹性效应。实证结果发现，人民币升值会同时导致企业出口值和进口值的减少，但对出口值的影响大于进口值，且对私营企业、高科技和资本密集型行业中的企业、进料加工贸易型企业、东南沿海地区企业的冲击更大。范祚军、陆晓琴（2013）以中国与东盟国家的贸易关系为研究对象。结论表明，中国与文莱、印度尼西亚、马来西亚、菲律宾、新加坡、泰国、越南等国的贸易满足马歇尔－勒纳条件，而对柬埔寨、老挝、缅甸三国的贸易则表现出J曲线效应的特征。

另一类研究认为人民币汇率对贸易量的传导效应并不大。王胜、李睿君（2009）采用协整和向量误差修正模型检验了人民币汇率波动对中国向美国出口价格的传导效应，发现由于受到国际价格竞争的影响，人民币汇率对中国对美出口价格的影响并不大，因而也无法借由汇率升值改善中美贸易逆差。于津平（2014）发现，人民币升值不利于出口规模的扩张，但有利于出口质量的提升。丹俊霖、靳毓（2015）认为事实上我国出口商品价格主要受到需求方收入水平与产品生产成本的影响，实际有效汇率对出口价格，进而对出口量的作用并不显著。

（二）人民币汇率对不同行业、不同种类商品贸易量的异质性传导作用研究

深入到行业或商品层面的研究显示出人民币汇率波动对贸易量的差异化影响。马君潞等（2010）发现人民币汇率变化对出口额的影响在长短期内都是显著的，但对劳动密集型产品最大，其次为资本和技术密集型产品，再次为资源密集型产品。何哲、孙林岩和刘旭园（2009）实证检验了人民币汇率对制造业25个细分行业的影响，发现汇率变动对低技术行业的影响显著，但对高技术含量的产业影响不大。田涛、陈鹏和商文斌（2014）采用按照国际贸易标准分类（Standard International Trade Classification，SITC）进行分类的我国1995年1月至2013年9月的月度数据，结合DCC模型，分别从人民币均值与人民币波动两个层面分析了汇率变动与出口贸易的关系，结果发现，虽然从总体上而言，人民币汇率与出口贸易之间的关系并不显著，但对不同类别商品的影响则有显著的差异性，其中对资源型产品和食料类产品的影响较小，而对劳动密集型产品、资本与技术密集型产品的出口影响较大。邹宏元、张杰和王挺（2017）以我国19个主要出口行业为分析样本，考察了分行业汇率传导的不完全性、非对称性、时变性、短期动态性等特征。研究表明：在19个出口行业中有6个行业存在显著的不完全汇率传递；这6个行业中有5个行业的汇率传导未表现出显著的非对称性。因此，汇率变动对贸易的传导是客观存在的，但受到多重复杂因素的作用，对不同行业、不同商品、不同企业的影响存在较大的差异。

在研究方法上，学者们也在不断的改进，以从数量关系上更为真实的反映汇率传导的效应。大部分学者采用了VAR方法，但有些学者采用了时间序列的GARCH方法。例如，张建清、蒋坦（2015）采用MS－VAR模型对我国在2005年1月至2014年11月的汇率变化的月度数据所进行的实证分析发现，人民币实际有效汇率的波动对贸易条件的影响呈非对称性特征。进一步此采用非线性Granger因果关系的检验则发现人民币汇率对贸易条件为单向因果关系。杨凯文、臧日宏（2015）采用了GARCH模型和ARDL协整方法对我国与11个贸易伙伴国的汇率传导效应进行了研究，其结果显示我国向这11个国家的出口贸易受到人民币汇率波动较大的负面影响。

三、出口企业异质性与人民币汇率传导效应研究

现有研究表明，企业异质性与传导传递之间存在复杂的关联关系。一

方面企业生产率可能对汇率传导效应起到影响或调节的作用；另一方面，企业生产率变量还可能与汇率传导之间形成互动关系，进而产生更为复杂的作用机理。珍妮妮和华（Jeanneney & Hua，2011）对此做了有益的尝试，其构建了省际层面的人民币实际汇率，利用 1986 ~ 2007 年我国 29 个省份的面板数据检验了人民币实际汇率升值对各地区劳动生产率的影响，其结果显示人民币实际汇率升值有助于促进各地区劳动生产率的提高，并形成良性互动。他们认为，实际汇率升值提升了劳动者的福利，进而促进了劳动者生产技能的提高，这是人民币升值促进企业生产率提升的一个作用机制。不过，值得注意的是，人民币对美元汇率在 2005 年之前的绝大部分年份是固定的，并且在 2001 年以后我国企业的出口与我国加入 WTO 紧密相关，因此只有有效地控制这两个变量，才能得出准确的结论。黄小兵（2011）采用微观数据的实证研究显示，汇率的不完全传导与企业生产率相关，面对人民币升值，生产率高的企业倾向于缩减出口规模，而生产率低的企业则倾向于降低出口价格。宗伟濠（2013）采用我国行业层面数据对人民币汇率变动对不同行业生产率的影响进行了分析。结果显示，人民币汇率变动对细分行业的全要素生产率（TFP）变化产生较小的影响，即人民币升值并不能促进行业生产率的提升。但是，这一结论实际也受到全要素生产率测算的准确性的影响，不同方法测算的全要素生产率的结果可能不同，因而影响分析的准确性。并且，不同行业的出口行为不一样，我国出口主要集中在劳动密集型行业，且相当部分出口是加工贸易，只有有效识别这些差异，才能得出准确的结论。王雅琦、戴觅和徐建炜（2015）采用 2000 ~ 2006 年高度细化的企业 - 产品层面数据（中国海关出口交易数据），发现人民币汇率对中国出口产品的价格几乎接近完全传导，即出口企业基本遵循生产者货币定价原则。同时进口国的收入水平也是影响汇率价格弹性的重要因素，高收入国家比中低收入国家有更高的汇率价格弹性。他们还进一步研究了产品质量的调节作用，发现随着产品质量的提高出口价格的汇率弹性也会相应的提高。产品质量提高一个标准差，汇率弹性会上升 5. 85 个百分点，因此低质量产品具有更高的汇率传导率。

冉光和、李涛和胡菁芯（2016）认为外国出口商的定价能力会影响汇率传导的方向。他们采用存量模型进行了实证检验，发现当外国出口商的定价能力较弱时，汇率传导方向为负，但是随着外国出口商定价能力的增强，汇率传导方向可能转正。因此，由于国外出口商的定价能力存在较大的差异，汇率变动对不同种类商品贸易的传导率也不尽相同，汇率工具的使用不当反而会加剧某些种类商品的失衡状况。向训勇、陈婷和陈飞翔（2016）考虑了进口中间品投入份额和企业生产率两个反映企业异质性特征的变量，将中国工业企业数据库和海关数据库进行匹配，利用 2000 ~ 2006 年高度细分的企业数据进行实证研究的结论显示，人民币汇率对企业的出口价格具有非常高的传递率，进口中间品投入份额作用于企业的边际成本，进而影响企业规避外汇风险的能力，而企业生产率则影响企业调整价格加成率的能力。因此，人民币汇率波动的传递率随着企业生产率水平的提高、进口中间品份额的加大而降低。张天顶、宋一平（2017）同样以企业异质性理论为基础，采用微观企业数据考察我国制造业出口企业的汇率不完全传导效应，他们还考察了企业层面的全要素生产率差异的影响，探求了企业生产效率与汇率波动情况之间的关联。

但是较少有研究考察汇率波动对企业经营行为的影响。少部分研究考虑了汇率对企业生产率及研发投资行为的影响。例如，许家云、佟家栋和毛其淋（2015）研究了人民币实际有效汇率对中国制造业企业生产率的影响，他们的分析结果显示，人民币实际有效汇率升值通过资源配置效应、规模经济效应等在一定程度上会改变企业的生产效率。同时，它也受到贸易方式、技术水平、所有制等变量的调节作用。熊广勤、周文锋（2016）通过构建汇率变动对跨国公司研发投资的传递机制模型，发现在特定的市场体系下，即垄断的母国市场和古诺双头垄断的东道国市场体系下，母国的汇率变动通过作用于跨国公司的留存利润，影响企业最优的研发投资水平、产出与价格水平。进一步，母国的汇率升值会导致跨国公司降低在两个市场的产出，因此带来母公司生产边际成本的上升，研发投资收益的下降，以及研发投资规模的缩减。因此，这一领域还有待于并值得深入探究。

第五节　已有研究述评

综述已有研究，发现有几大特点：一是对汇率传导效应强弱、变动趋势存在广泛争论（包括人民币汇率波动的传导效应），部分研究采用不同计量方法、不同角度论证了汇率传导效应较强，且在不断增强，但是也有相当部分研究指出汇率传导效应在减弱。二是相当部分研究认为汇率传导效应受到政策、汇率制度、通货膨胀环境、企业定价能力、产品替代性、产品质量以及企业生产率、行业特质等多种因素的调节作用。关于这些因素是正向调节、还是负向调节仍有很多争论。三是关于企业特质、全球价值链贸易以及国际货币政策在汇率传导中或对汇率传导效应影响的研究逐渐开始受到重视。四是在研究内容上，在宏观层面的研究主要是考察汇率波动对进出口价格、CPI（消费者价格指数）、PPI（生产价格指数）等的传递效应。在微观层面的研究，主要是企业依市定价理论，相当部分研究是利用企业微观数据来验证了 PTM 对汇率不完全传导的可能影响。

现有研究的不足主要表现在：一是忽略了竞争因素在汇率传导中的影响。很多计量模型只是建立了汇率波动与进出口量波动之间的关系，却没有同时考虑到竞争因素的调节作用，使得其分析结果存在偏误。现有理论较少构建以竞争性贸易为中心的汇率传导模型。实际上，竞争程度的影响很重要。它是影响价格对汇率传导的关键因素。如果竞争激烈，例如完全竞争情形下，企业几乎没有定价能力，那么汇率波动对价格、贸易量的传导作用就是完全的（国内成本价格几乎无调整空间）。随着全球经济开放力度加大以及全球资源的一体化使用，汇率波动对贸易的传导作用也有可能变得更加敏感。因此，需要这方面更专注的研究。

二是没能有效区分影响贸易增长的结构性因素、市场竞争因素以及企业异质性因素。这一问题一方面使得传导效应的度量存在偏误，另一方面也会忽视影响贸易变动的其他因素与汇率之间的互动。例如，会忽略汇率变动可能对企业生产率的反向作用，而后者又会对贸易质量提升产生重要作用。在检验汇率传导效应时，相当部分计量研究较为薄弱。一些研究以少数变量的相关性（或时间序列相关性）来检验汇率的传导效应，例如，一些研究采用了格兰杰（Granger）检验方法，而从根本上忽略了结构性因素的影响。这些研究缺少足够的理论支撑，在计量模型中缺少关键的控制变量，因而会导致得出汇率传导效应强或弱的错误结论。部分研究已经指出，有很多调节变量影响汇率传导效应，例如生产率、边际成本、政策调整等重要变量。因此，那些忽略结构性因素的研究，其结论的可信度会受到质疑。

三是较少研究汇率传导对企业生产率等变量的反作用。许多研究仅将企业生产率等变量作为外生的变量，作为调节汇率传递效应的变量，而较少考虑其可能的反作用机制。另外，全球价值链贸易的发展使得汇率传导机制研究引发一些新问题。最主要的是全球价值链中有大量的中间品进口，汇率的波动使得那些依靠进口中间品或进口资本投入用于国内生产的企业和国家受到影响，贸易融资成本等也会发生变化。这使得汇率传导机制变得更为复杂，并引发一系列问题，例如汇率波动是否导致出口增加值提升？汇率波动是否会引致进口中间品的替代，并促进发展中国家的企业技术进步与创新？这些问题都缺乏深入的研究。

四是现有研究较少涉足国际货币政策调整的影响与多重目标政策制定。在竞争性贸易市场，各国向同一经济体的出口贸易除了受到经典的生产上的比较优势（人力资本、生产率水平、劳动者工资差异等因素）的影响外，是否还同时受到来自进口国与出口国，以及不同出口国之间的非对称货币政策的影响呢？实际上三者是国际金融中的重要论题，其存在复杂的关系，也使得很少有研究能阐释清楚其逻辑关系。一般而言，一国采取货币政策是应对经济冲击所需的（例如 2008 ~ 2009 年的金融危机，美国采取的量化宽松货币政策），但是这些冲击有必要做区分，是共同冲击还是仅针对个别国家的冲击。货币政策的溢出效应取决于冲击的性质以及与冲击来源经济体的联系紧密性。当美国利率波动时，主要影响那些盯住美元的国家，其他国家也不得不提升利率，但是这样会导致对它们的实体经济和经济增长形成较大外部冲击（其初始并未受到如同美国一样的冲击）。如果采取灵活的汇率制度，那么政策差异会通过汇率浮动进行调节，减轻美国货币政策溢出效应造成的负面影响。此时，汇率波动并不仅仅表现出对进出口商品价格、对进出口贸易的传导效应，也体现了国际货币政策溢出效应与宏观经济自我调节功能。因此汇率传导是与汇率制度以及与冲击来源经济体的联系紧密性大有关系的。总的来说，这一领域的研究仍较少。

第三章

价值链贸易中的汇率传导检验：价格传导与生产率调节

全球价值链贸易的迅速发展引起了学者们关于汇率与贸易之间的联系是否依然存在的争论。本书的这一章将佩恩表数据和世界投入产出数据库数据进行匹配，利用 2000～2014 年间全球 43 个主要经济体的汇率波动与贸易增长数据探析全球价值链中的汇率传导机制的存在性。为了较为准确、合理地考察汇率波动对进、出口价格的传导效应以及对贸易量的影响效应，本章将在计量模型中同时引入决定贸易竞争力的结构性因素以及汇率波动产生的价格变化因素，通过分离这些因素的影响效应分析，能够客观检验汇率传导作用。

本章的研究目的有两个：一是利用全球 43 个主要经济体在 2000～2014 年间的汇率波动与贸易增长数据检验全球价值链的兴起是否削弱了汇率与贸易之间的联系，深入解析汇率波动对进出口价格、进出口量以及出口增加值变动的影响效应的大小、方向以及持续时间。二是探寻除了汇率的价格传导机制以外是否存在其他传递机制，例如汇率波动是否会影响经济主体的生产率，以保持其在全球价值链中的竞争力。

目前国内已有少部分研究关注了人民币汇率对企业生产率变动的影响，例如许家云、佟家栋和毛其淋（2015）的研究显示人民币实际汇率升值对制造业企业生产率的净效应为正。本章将进一步探寻生产率变量是否会在汇率波动与贸易增加值增长之间发挥中介作用。当前很多国家都越来越重视贸易增加值，它的高低能够反映一个国家在全球价值链中的地位。本章将检验汇率波动是否能够导致生产率提升，并进一步促进一国的贸易增加值增长。这一分析对于了解汇率变动在全球新贸易特征——价值链贸易中的作用机理有重要的意义。

本章首先通过佩恩表中的多国基本面数据确立影响贸易变动的结构性因素，其次，通过世界投入产出数据库的多国投入产出数据计算出各个国家 56 个行业的出口增加值，进一步将两个方面的数据相匹配，获取汇率波动、生产率变动、进出口价格变化以及出口增加值等数据，来解析汇率波动对贸易的影响效应。本章的研究有助于明晰全球价值链中可能存在的不同于传统理论（一般贸易理论）的汇率传导机制，也有助于探寻为何一些发达国家在实施灵活的市场化汇率形成机制的同时仍能够保持较强贸易竞争力。本章的检验分析将为后续微观机制的理论研究和宏观政策的研究奠定坚实的基础。

第一节 关于全球价值链贸易中的汇率传导效应争论

2005 年汇改以来，人民币汇率发生了较大幅度波动，引发了对其可能产生的贸易影响的讨论（刘尧成、周继忠和徐晓萍，2010；张会清、唐海燕，2012；沈国兵，2015 等）。历史的经验分析表明，汇率变动通常会给进出口量变动带来较大的影响。依据国际货币基金组织（IMF，2015）的估计，如果一个经济体的货币实际汇率贬值 10%，其实际净出口占 GDP 比例大致会上升 1.5%。

不过，随着全球价值链的兴起，也有一些研究认为，全球价值链可能会削弱汇率与贸易的联系（黄志刚，2009；奥利伍德、鲁斯蒂切利和施韦尔努斯，2015；艾哈迈德、阿彭迪诺和鲁塔，2015 等）。例如，恰拉扬和迪（2010）利用产业部门的贸易流量数据研究了汇率波动对美国与 13 个发达经济体和新兴经济体的贸易的冲击影响，发现影响效应很弱。学者们归纳了多方面的原因：

一是在全球价值链中，生产的不同阶段分布于不同经济体之间。各个经济体专业于某些阶段的生产，而不是整个产品的生产。因此，不同经济体之间的联系程度得以加强，不过这种增强的经济联系却降低了汇率变动对贸易流动的冲击，跨国供应链和企业经营策略不会因为汇率波动而做出大幅度调整。企业由于汇率波动而重新选择供应商会面临较高的调整成本。因此，价值链参与企业有可能更多地通过内部调整消化汇率波动，进而避免了汇率波动对贸易量的冲击。

二是汇率波动可能会同时影响进口、出口，因而两者会存在抵消效应。艾肯格林和彤（2015）从人民币对外国出口企业的影响考察了汇率传导的效应。传统理论认为，人民币升值将降低中国企业的出口，进而也会抑制中国对外国中间投入品的进口。另外，人民币升值对于那些进口中国投入品企业的生产和贸易也会产生负面影响，因为来自中国的投入品更贵（Evenett & Francois，2010）。但是，艾肯格林和彤（2015）的研究表明，人民币升值仅对外国向中国出口的最终品产生显著影响，中间品供应商未受到显著影响。这从一个侧面反映了全球价值链中的进出口活动对汇率波动较不敏感。一般认为，本币贬值将促进一国的出口，但是在全球价值链中，本币贬值也将提高进口中间产品的成本，进而可能对出口产生负面影响。因此，整体而言，汇率波动的影响效应会降低。

三是生产的碎片化使得具有国内附加值的出口产品在出口总量中的比例逐渐减少，也相应地减少了汇率波动对贸易的冲击影响。黄志刚（2009）建立了一个包含加工贸易部门的宏观经济多国模型。在加工贸易中，汇率的传递效应受到企业的最优化定价策略的影响而被弱化。艾哈迈德、阿彭迪诺和鲁塔（2015）的研究显示，汇率的传导效应与一国嵌入全球价值链的程度紧密相关。

四是一些研究从异质性角度解释汇率与贸易联系的弱化。例如，伯曼等（2012）研究了出口企业对实际汇率变化的异质性反应，他们发现出口量对汇率变动的反应弹性在不同企业中表现不一样，高生产率企业可以更多地通过出口产品价格加成的调节吸收汇率变动的影响效应。由于高生产率企业的出口占了全部出口企业的大部分，因而异质性因素弱化了汇率波动对出口的影响。

当然，也有一些研究认为汇率对进出口仍产生重要影响，例如德鲁克等（2015）认为近期的美元升值对新兴市场产生间接损害，那些汇率制度灵活性较差的国家受到的影响更加严重，进口资本及投资活动受到抑制。李等（2015）的研究显示，中国出口产品的人民币价格对汇率波动的反应非常小，这意味着以外币标价存在较强的汇率传导效应。人民币升值将降低出口产品进入外国市场的概率和持续出口的可能性。

另外一个值得关注的问题是汇率波动是否会影响一个国家在全球价值链中的地位，即是否存在汇率传递的贸易增加值影响效应？其具体作用机制又是什么？近来一些研究已经注意到贸易增加值高低的重要性，因为它反映了国际化分工中的各个参与主体的贸易利益分配格局（祝坤福等，2013）。部分学者发现，中国的出口增加值并不高，2002 年中国平均每单位出口中只有 0.466 单位的国内增加值（陈等，2012）。库普曼、王和魏（Koopman，Wang & Wei；2008）发现，加入 WTO 后，中国的出口增加值有所提升。那么 2005 年以后的人民币升值是否也会对中国的出口增加值变动产生影响？目前只有少部分研究关注这一问题，例如邢予青（2012）对 1993 ~ 2008 年中国大陆与 52 个贸易国家和地区的面板数据分析显示，人民币升值对加工贸易的出口和进口都有负面影响，因此人民币升值有助于改善整体的贸易平衡。任永磊、李荣林和高越（2017）采用 2000 ~ 2007 年间中国工业企业数据和海关数据匹配，实证分析发现人民币汇率变动对企业全球价值链嵌入度的提升有一定积极影响，特别是对产品质量高的企业有较强的积极作用。逯宇铎、宋倩倩和陈阵（2017）利用 2000 ~ 2006 年中国工业企业与海关企业的匹配数据分析发现，人民币升值对电子通信设备制造企业出口的国外增加值率有显著抑制作用。

第二节 2000~2014 年间多国汇率变动与贸易增长

本节首先考察43个经济体的汇率、贸易价格和贸易量之间可能存在联系的历史证据，然后再建立计量模型。本章的分析包括43个经济体在2000~2014年期间15年的年度数据。按照世界银行的分类标准，其中发达经济体32个，新兴市场和发展中经济体11个，这些国家和地区包括了全球主要发达经济体和新兴经济体。佩恩表数据库中包括有全球182个经济体在1950~2014年间的时间序列数据，变量指标包括汇率、全要素生产率、进出口平均价格、GDP、劳动收入份额、就业量等变量；而世界投入产出数据库包括有2000~2014年间全球43个经济体的56个产业部门之间的投入产出与增加值数据。通过匹配个体与时间区间，最终得到43个经济体的分析样本。

一、汇率波动与贸易价格变动之间的相关性

图3.1和图3.2分别是代表性经济体的名义汇率（e，采用直接标价法）和实际汇率（ep^*/p）。其中，p^*是美国的一般物价，代表外国价格，通常采用CPI表示；p是本国（其他国家及地区）的一般物价。可以看到，所选代表性国家或地区无论是名义汇率（图3.1）还是实际汇率（图3.2）都在2000~2014年间有较大波动，且呈现一定的趋势性变化。其中，从新兴经济体的名义汇率变动来看，1美元兑人民币的价格和1美元兑墨西哥比索的价格都有较大变动，2005年以后人民币升值趋势明显，而墨西哥比索一直存在较明显的贬值趋势，巴西的1美元兑雷亚尔的价格在这一期间也有较大幅度的波动。发达经济体的名义汇率和实际汇率

的变动都较小。

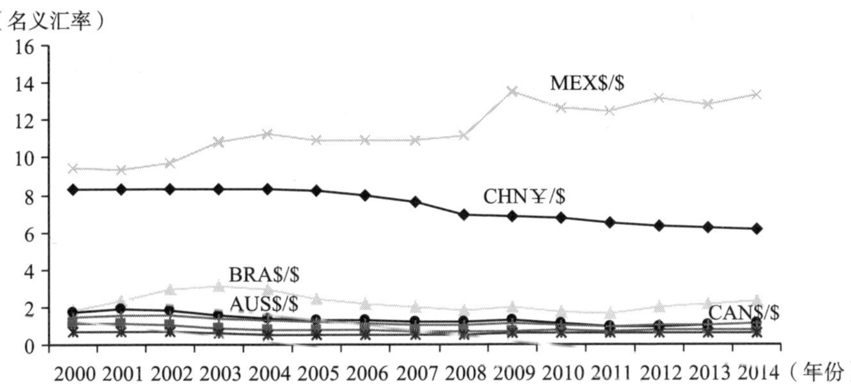

图 3.1　美元兑代表性货币的名义汇率

注：样本分析的 43 个经济体分别是 AUS（澳大利亚）、AUT（奥地利）、BEL（比利时）、BGR（保加利亚）、BRA（巴西）、CAN（加拿大）、CHE（瑞士）、CHN（中国）、CYP（塞浦路斯）、CZE（捷克）、DEU（德国）、DNK（丹麦）、ESP（西班牙）、EST（爱沙尼亚）、FIN（芬兰）、FRA（法国）、GBR（英国）、GRC（希腊）、HRV（克罗地亚）、HUN（匈牙利）、IDN（印度尼西亚）、IND（印度）、IRL（爱尔兰）、ITA（意大利）、JPN（日本）、KOR（韩国）、LTU（立陶宛）、LUX（卢森堡）、LVA（拉脱维亚）、MEX（墨西哥）、MLT（马耳他）、NLD（荷兰）、NOR（挪威）、POL（波兰）、PRT（葡萄牙）、ROU（罗马尼亚）、RUS（俄罗斯）、SVK（斯洛伐克）、SVN（斯洛文尼亚）、SWE（瑞典）、TUR（土耳其）、TWN（中国台湾）、USA（美国）。全书其他图解释同此。

资料来源：Penn World Table，PWT90。

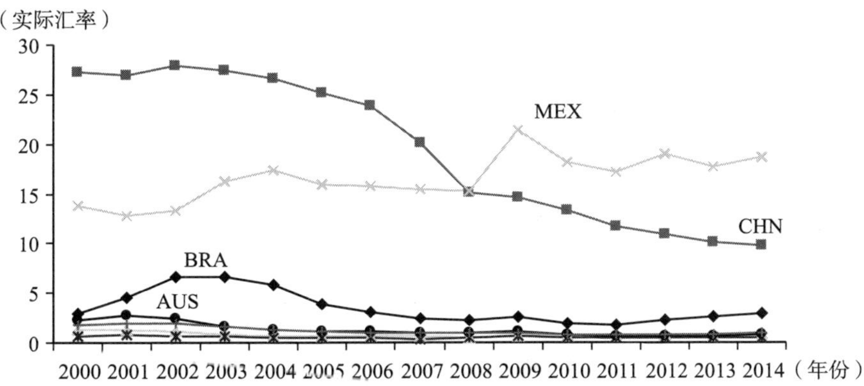

图 3.2　美元兑代表性货币的实际汇率

资料来源：根据 Penn World Table，PWT90 数据表中相关数据计算而得。

图3.3和图3.4是代表性经济体的出口相对价格（p^x/ep^*）和进口相对价格（p^M/p）。从图中结果来看，新兴经济体的出口相对价格变动较小，且与实际汇率变动之间存在一定的反向趋势，即本币实际升值（例如中国），则出口相对价格略微上升。通常出口商为保持国际市场竞争力会依据汇率波动做出一定的价格调整，即克鲁格曼（1986）等提出的“依

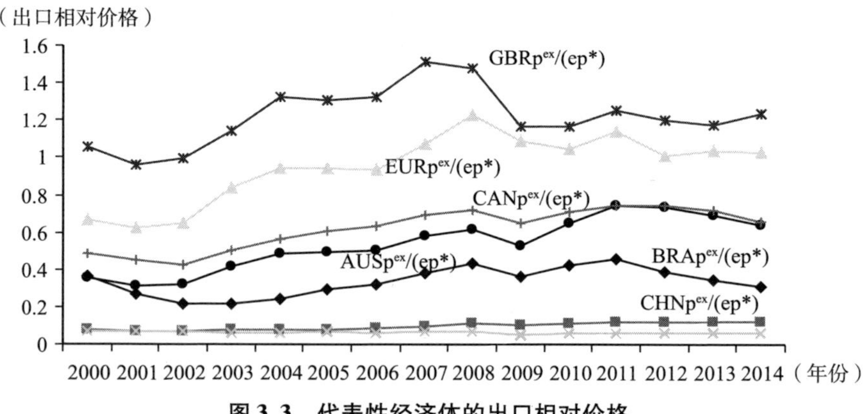

图3.3　代表性经济体的出口相对价格

资料来源：Penn World Table，PWT90。

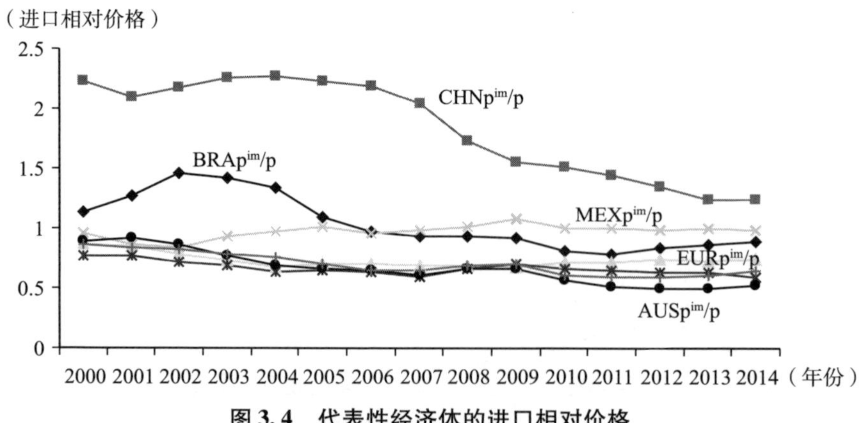

图3.4　代表性经济体的进口相对价格

资料来源：Penn World Table，PWT90。

市场定价效应”。这一效应会削弱实际汇率变动对进出口量的影响，表现出汇率的不完全传导效应。但从图 3.2 与图 3.3 中新兴经济体的汇率与出口相对价格的反向运动来看，至少部分汇率的传导效应存在。另外，从图 3.2 和图 3.4 的对照结果来看，两者也显示出一定关联，例如人民币实际升值，进口相对价格下降，也符合汇率传导的预期。

二、汇率波动与进出口贸易变动之间的相关性

图 3.5 和图 3.6 是实际汇率变动率与进、出口占 GDP 比例的变动率之间的散点图。从图中结果来看，实际汇率变动与一国的进、出口占 GDP 比率的变动率之间呈现出一定相关性，且两者呈现相同的变化关系。其中，图 3.5 显示实际汇率上升，出口占 GDP 的比例上升，这与传统的理论预期不一致。传统理论预期，本币升值则出口会受阻，进而出口占 GDP 比例会有所下滑。但从图中结果来看，两者的负相关意味着本币的实际升值反而促进了出口贸易，这可能是有其他机制影响了出口，例如本币升值的生产率提升倒逼效应促进出口。图 3.6 的结果则与传统理论预期一致，即本币升值，将促进进口提升，进而提升进口占 GDP 的比例。

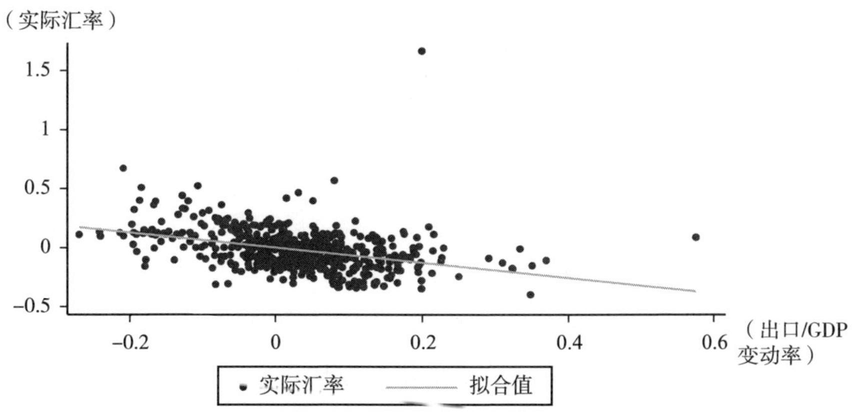

图 3.5　实际汇率变动与出口/GDP 变动率

资料来源：根据 Penn World Table，PWT90 数据表中相关数据计算而得。

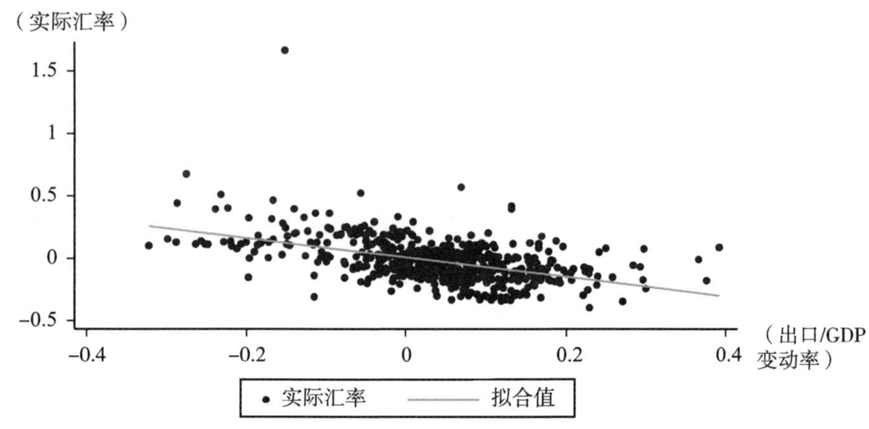

图 3.6 实际汇率变动与进口/GDP 变动率

资料来源：根据 Penn World Table，PWT90 数据表中相关数据计算而得。

本章进一步利用 WIOD 数据库的 43 个国家 56 个产业在 2000～2014 年间的投入－产出数据计算了每个产业的增加值率（总产出扣除国内中间投入、外国中间投入），并依据各国之间的进出口量数据计算每一类产品（按 56 个产业划分）的出口增加值含量。从图 3.7 可以发现，除了 2008～2009 年的全球金融危机之外，大部分国家的出口增加值都有逐年上升的趋势。

其中美国、德国、俄罗斯、加拿大、英国、法国、中国等的出口增加值居前位。尽管 2014 年中国的出口总额在世界排名第一，但是中国的加工贸易比重非常高，这影响了中国出口增加值量在世界的排名。通过比较 2000 年和 2014 年中国与美国不同产业的增加值占总产出（增加值＋国内外中间投入）比例的变动情况就可以说明这一点，中国在加入 WTO 后生产中的增加值比例在很多产业都出现了下降。例如 2000 年中国食品制造行业的增加值比重由 31.48% 下降到 2014 年的 22.81%，下降了近 10%；电力设备制造业的增加值比重也由 2000 年的 20.92% 下降到 2014 年的 15.78%。但是中国的一些服务产业的增加值比重有上升趋势，例如批发、零售贸易服务（由 46.02% 提升到 60.13%）、计算机编程（由 27.87% 提升到 38.58%）等产业。这些产业的增加值比例变化反映了中国经济嵌入全球价值链的程度的变化。当中国越来越多的企业成为国际生产链中的一个关联环节时，其所创造的增加值在总产出中的比重将会降低，但是企业的生产总规模却会提高。与中国类似，美国部分产业也出现了增加值率下降的趋势，例如其在汽车制造、运输设备制作等产业中的增加值率由2000年的28.79%下降到2014年的23.75%。不过，美国的计算机、光学设备制造（由43.07%提升到69.61%）、电力设备制造（由37.54%提升到43.05%）等产业在全球中的竞争力依然突出，其增加值比重近年来有所提升。

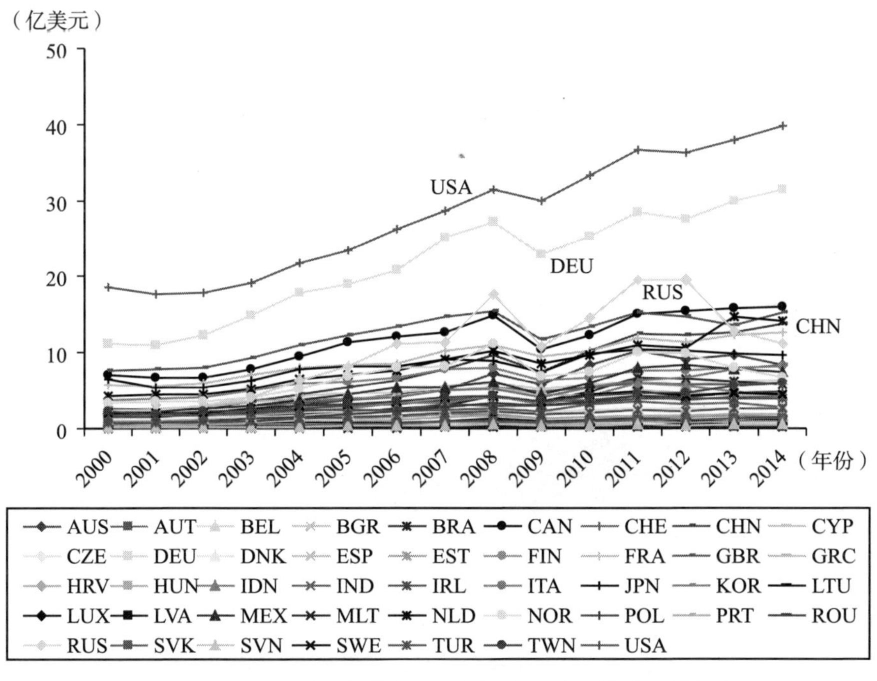

图3.7 2000～2014年期间43个国家和地区的出口增加值

资料来源：世界投入产出数据库（World Input－Output Dadabase，WIOD）数据计算而得。

最后考察各个经济体的实际汇率变动与出口增加值占GDP比例的变动以及出口增加值占总出口比例的变动之间的关系。如图3.8、图3.9所示，发现实际汇率变动与两者呈现显著的负向关系，它表明本币实际升值将促进出口增加值占 GDP 比例以及占总出口比例的提升。

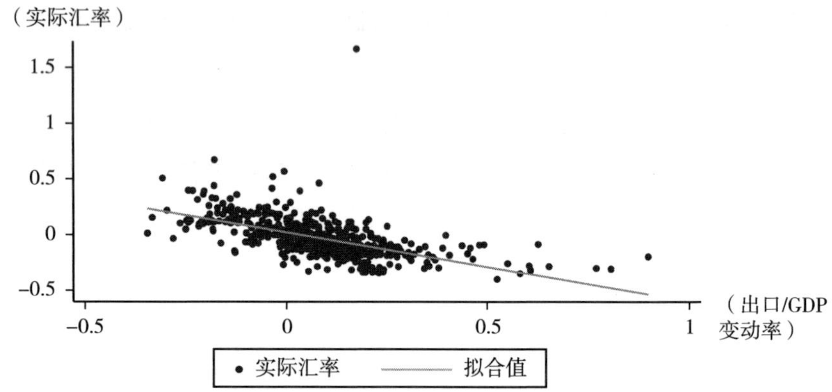

图 3.8　实际汇率变动与出口增加值/GDP

资料来源：根据 WIOD（世界投入产出）数据库中数据计算而得。

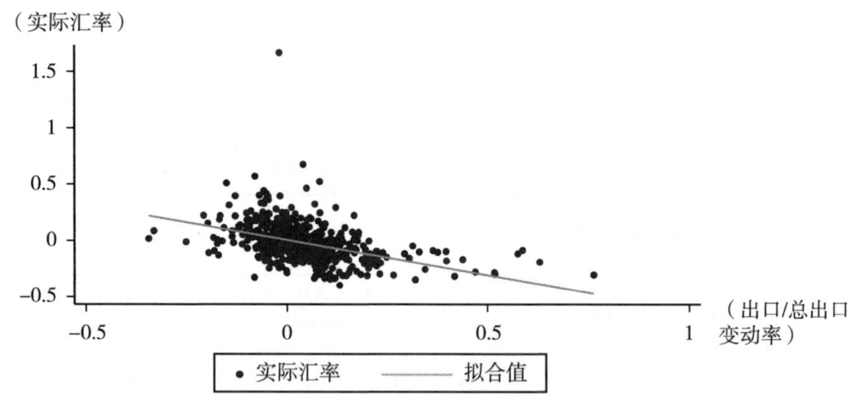

图 3.9　实际汇率变动与出口增加值/总出口

资料来源：根据 Penn World Table，PWT90 数据表及 WIOD（世界投入产出）数据库中数据计算而得。

这一结果有两个意义：一方面表明汇率波动与出口增加值变动之间仍有紧密联系；另一方面，这种联系又与传统理论的预期不尽相同，本币的升值并非抑制出口，反而提升了出口增加值，这表明可能存在其他机制影响进出口。总体而言，通过多个事实的描述性分析，发现在全球价值链环境下，汇率波动与贸易增长之间的联系仍显著，传导效应依然存在，不过又不同于传统理论预期。

第三节　计量模型分析

一、计量模型设计原理

本章的计量分析样本来自 WIOD 数据库和 PWT 数据库相匹配的 43 个经济体，数据区间为 2000 ~ 2014 年间，数据频率为年度数据，在前文的图 3.1 至图 3.9 中已经对主要变量的特征进行了归纳分析，因此不再进行描述性统计分析。本章采用 Hausman 检验确定应该建立随机效应模型还是固定效应模型，结果显示随机效应模型更优。为了消除数据不平稳和异方差对回归造成的不利影响，本章分别采用了取对数和取对数差分方法进行处理，将基于时间频度的绝对数据转变为变动数据或增长率数据。

本章拓展了利等（Leigh et al.，2017）模型，引入六类方程探索汇率波动的传导效应。第一类方程是实际汇率的出口价格弹性模型。计量模型中除了引入实际汇率（ep^*/p）之外，还考虑劳动成本（w/p）对出口相对价格（p^x/ep^*）的影响。其中 w 是名义工资，p 是本国的一般价格水平（CPI），w/p 是实际工资，衡量劳动力成本。另外，t 和 fc 分别是时间趋势和全球金融危机的虚拟变量（取 2008 年、2009 年的虚拟变量等于 1）：

方程一：汇率对出口价格的传导模型

$$\ln\left(\frac{p^X}{ep^*}\right)_t = \alpha + \beta\ln\left(\frac{ep^*}{p}\right)_t + \gamma\ln\left(\frac{w}{p}\right)_t + \phi t + \varphi fc + \varepsilon_t \qquad (3-1)$$

第二类模型测度出口相对价格的出口贸易量弹性，其中 X_t 是出口量，Y^* 是除本国外的其他国家的 GDP，衡量外国潜在需求。

方程二：出口价格对贸易量的传导模型

$$lnX_t = \alpha + \beta ln\left(\frac{p^X}{ep^*}\right)_t + \gamma lnY^* + \phi t + \varphi fc + \varepsilon_t \quad (3-2)$$

第三、四类方程分别考察实际汇率对进口相对价格及进口贸易量的影响效应，并考虑国内需求 Y_t 以及 2008～2009 年期间全球金融危机的影响效应。其中第二个方程考虑到加工贸易或中间投入品需求对进口的影响。因为在加工贸易中，进口中间品投入需求与出口紧密相关，因此采用出口变量 X_t 作为替代变量加以考察，YD_t 是扣除了出口的国内生产总值，它衡量非进口中间投入品需求。

方程三：汇率对进口价格的传导模型

$$ln\left(\frac{p^M}{p}\right)_t = \alpha + \beta ln\left(\frac{ep^*}{p}\right)_t + \gamma lnY_t + \phi t + \varphi fc + \varepsilon_t \quad (3-3)$$

方程四：进口价格对贸易量传导模型

$$lnM_t = \alpha + \beta ln\left(\frac{p^M}{p}\right)_t + \gamma lnYD_t + \delta lnX_t + \phi t + \varphi fc + \varepsilon_t \quad (3-4)$$

第五类方程分析汇率波动对出口增加值的影响效应，以出口增加值为因变量，实际汇率为自变量建立计量模型。出口增加值是全球价值链中国际分工地位的体现，也是国际生产竞争力的体现，因而它不仅受到汇率波动的影响，也受到经济体自身的技术进步和生产率提升以及劳动力成本等因素的影响，因此本书将这些变量作为控制变量纳入到计量模型中。

方程五：汇率对出口增加值的传导模型

$$lnXV_t = \alpha + \beta ln\left(\frac{ep^*}{e}\right)_t + \gamma lntfp_t + \eta ln\left(\frac{w}{p}\right)_t + \delta lnY_t + \phi t + \varphi fc + \varepsilon_t \quad (3-5)$$

第六类方程考虑汇率波动的长期影响效应。对自变量和因变量采取一阶差分，并引入滞后变量进行分析。一阶差分能够在一定程度上消除变量内生性的影响，而滞后变量的引入可以分析实际汇率波动的长期影响效应。

方程六：汇率波动的长期效应模型

$$\Delta\ln\left(\frac{p^X}{ep^*}\right)_t = \alpha + \rho\Delta\ln\left(\frac{p^X}{ep^*}\right)_{t-1} + \beta\ln\left(\frac{ep^*}{p}\right)_t + \gamma\ln\left(\frac{w}{p}\right)_t + \varepsilon_t \qquad (3-6)$$

二、计量结果及讨论

依据上述计量模型设计，计量结果如表 3.1、表 3.2 所示，其中表 3.1 是实际汇率波动的短期传递效应计量结果。其中，“XP”是变量 p^x/ep^*，“MP”是变量 p^M/p，“reer”是实际汇率变量 ep^*/p。

表 3.1　　汇率波动的短期传递效应估计结果

自变量	模型 1 lnXP	模型 2 lnX	模型 3 lnX	模型 4 LnMP	模型 5 lnM	模型 6 lnXV	模型 7 lnXV	模型 8 lnXV
Lnreer	-0.713 ** (0.012)		-0.43 ** (0.039)	0.337 ** (0.009)			-0.56 ** (0.048)	-0.312 ** (0.047)
ln(w/p)	0.153 ** (0.019)		0.490 ** (0.062)				0.309 ** (0.079)	-0.29 ** (0.086)
lnXP		0.159 ** (0.051)				0.414 ** (0.061)		
lnMP					-0.24 ** (-6.11)			
lnY *		0.790 ** (0.155)	0.836 ** (0.146)			1.450 ** (0.196)	1.339 ** (0.190)	1.043 ** (0.175)
lnY				-0.131 ** (0.017)				
lnYD					0.075 ** (6.15)			

续表

自变量	模型 1 lnXP	模型 2 lnX	模型 3 lnX	模型 4 LnMP	模型 5 lnM	模型 6 lnXV	模型 7 lnXV	模型 8 lnXV
lnX					0. 832 ** (45. 77)			
lntfp								1. 370 ** (0. 113)
t	0. 004 ** (0. 000)	0. 005 (0. 009)	-0. 001 (0. 00)	0. 002 ** (0. 000)	0. 008 ** (6. 24)	-0. 006 (0. 011)	-0. 004 (0. 011)	0. 020 * (0. 010)
fc	0. 028 ** (0. 007)	-0. 06 ** (0. 023)	-0. 071 ** (0. 021)	0. 019 ** (0. 007)	0. 033 ** (2. 81)	-0. 004 (0. 030)	-0. 013 (0. 028)	-0. 027 (0. 025)
常数	-2. 203 ** (0. 205)	-1. 81 (2. 711)	-7. 422 ** (2. 78)	1. 047 ** (0. 230)	0. 282 (1. 37)	-14. 9 ** (3. 40)	-16. 1 ** (3. 60)	-0. 027 (3. 418)
样本量	43	43	43	43	43	43	43	43
R 平方	0. 937	0. 697	0. 758	0. 834	0. 925	0. 803	0. 8373	0. 826
Wald 卡方	9373. 74	1309. 16	1676. 53	2310. 83	7982. 31	2256. 52	2719. 07	3402. 76

注：** 表示 1% 的显著性水平；* 表示 5% 的显著性水平；括号中数字为“Std. Err. ”。

从表 3. 1 中的结果可以发现：

（1）从实际汇率变量的 t 统计值来看，实际汇率变量“reer”在所有的计量模型中显著，这也证实了本书的主要推论之一，即在全球价值链中汇率变动与贸易量变动之间的联系仍显著存在。其中，从模型 1 中汇率对出口价格的影响效应来看，它的回归系数为负且显著，回归系数是“-0. 713”，表明本币实际贬值 1%，出口相对价格下降 0. 713%，这与传统理论的预期一致，表明汇率波动对出口相对价格的传递效应显著存在。模型 2 的估计结果显示，出口相对价格与出口量之间呈现显著的正相关，回归系数为“0. 159”。模型 3 的估计结果显示，本币实际贬值 1%，出口量将下降 0. 43%。模型 1、模型 2、模型 3 的估计结果一致：本币贬值，则出口相对价格下降，出口总量也下降。不过，这一结果却与传统理论预期不一致，表明在全球价值链下，影响出口的因素更为复杂。虽然汇率波动对出口相对价格的传递效应依然存在，但是出口总量与价格变化之间的关系有所不同，也表明存在其他对出口有重要影响的因素。

（2）模型 4、模型 5 是解析汇率波动对进口价格以及进口量的影响效应，估计结果显示实际汇率“reer”与进口价格之间呈现显著的正向关系，本币的实际贬值，将提高进口相对价格（p^M/p），这一正向关系与理论预期一致，即汇率波动对进口价格的传导效应存在。模型 5 的估计结果也与传统理论预期一致，即进口相对价格提升 1%，将显著降低进口量 0. 24%。另外，中间投入品需求因素（采用出口变量“lnX”衡量）与进口量之间呈现显著的正向关系，即“0. 832”。在全球价值链中，加工贸易或离岸外包等使得进口与出口之间保持紧密的正向联系。正如本章前述，这一变量的引入将在一定程度上降低汇率波动对进口量波动的冲击影响。

（3）为了进一步解析出口增加值的推进因素，模型 6、模型 7、模型 8 考虑了多种因素的影响效应。其中，模型 7、模型 8 的估计结果显示，本币的实际升值将促进出口增加值提升。在模型 8 中还引入了 TFP 变量（即全要素生产率变量），该变量可以衡量技术进步因素对出口增加值的影响。TFP 变量对出口增加值有显著的正向效应，当 TFP 提升 1% 时，出口增加值将提升 1. 37%。比较模型 7、模型 8 的结果，可以发现当引入 TFP 变量之后，实际汇率变量对出口增加值的影响大小有所下降，其影响效应由 0. 56% 下降为 0. 312%，实际汇率变量的显著性程度也有所下降。这一变化的原因主要是 TFP 变量在汇率波动与出口增加值增长之间发挥了中介效应，即汇率波动对出口增加值的影响效应有一部分是通过 TFP 变量实现的，TFP 对汇率波动做出反应，反向调节出口增加值。本章进一步推测汇率波动还存在另一个传递机制，即汇率传导的生产率效应，当汇率波动不利于企业出口时，为了保持国际生产竞争力，企业改进生产率，进而对出口增加值扩张有正向效应。

（4）在模型 8 中，还可以看到其他变量的影响效应，例如劳动力成本对出口增加值的影响效应为“-0.29”，表明当劳动力成本增加1%，出口增加值下降0.29%。当引入外部需求变量时，它对出口也有显著的正向效应。衡量全球金融危机的变量“fc”与出口增长呈现负相关，表明金融危机给出口带来了负面影响。不过，在出口增加值的影响因素模型中，金融危机变量的显著性非常弱，这也表明金融危机并不能改变增加值贸易不断扩张的趋势，它的影响仅限于传统贸易。

为了考察汇率波动的长期效应，在计量模型的自变量中引入前期变量，例如“F. ΔlnXP”“F. Δlnreer”“F. ΔlnX”等。从表3.2中的结果可以发现：

表3.2 汇率波动的长期传递效应估计结果

自变量	模型9 ΔlnXP	模型10 ΔlnXP	自变量	模型11 ΔlnX	模型12 ΔlnX	自变量	模型13 ΔLnMP	模型14 ΔlnM
F. ΔlnXP	-0.09 ** (0.015)	0.073 (0.044)	F. ΔlnX	0.142 ** (0.032)	0.144 ** (0.028)	F. ΔLnMP	0.155 ** (0.044)	
ΔLnreer	-0.74 ** (0.017)	-0.741 ** (0.017)	ΔlnXP	-0.024 (0.048)	-0.022 (0.049)	ΔLnreer	0.295 ** (0.009)	
F. Δlnreer		0.119 ** (0.030)	F. ΔlnXP		-0.004 (0.040)	F. ΔLnreer	0.019 (0.017)	
Δln(w/p)	0.102 ** (0.029)	0.086 ** (0.029)	ΔlnY *	1.468 ** (0.112)	1.468 ** (0.112)	ΔlnY	0.186 ** (0.033)	
fc	-0.003 (0.004)	-0.000 (0.004)				F. ΔlnM		-0.05 ** (0.024)
常数	0.002 (0.001)	0.002 (0.001)		-0.03 ** (0.007)	-0.035 ** (0.007)	ΔLnMP		-0.22 ** (0.051)
						F. ΔLnMP		-0.025 (0.052)

续表

自变量	模型 9 ΔlnXP	模型 10 ΔlnXP	自变量	模型 11 ΔlnX	模型 12 ΔlnX	自变量	模型 13 ΔLnMP	模型 14 ΔlnM
						ΔLnYD		0.020 (0.018)
						ΔlnX		0.908 ** (0.028)
						常数	-0.011 ** (0.001)	0.007 ** (0.003)
样本量	43	43		43	43		43	43
R 平方	0.915	0.903		0.448	0.448		0.696	0.695
Wald 卡方	5688.5	5023.42		391.54	390.85		1159.13	1300.24

注：** 表示 1% 的显著性水平；* 表示 5% 的显著性水平；括号中数字为“Std. Err.”。

（1）表 3.2 是估计的汇率波动的长期效应。从模型 9 与模型 10 的估计结果比较来看，“F. Δlnreer”的回归系数为“0.119”且具有显著性，表明汇率波动对出口价格具有一定的长期影响效应，但是相对于短期效应，其显著性弱得多。短期效应显示本币实际贬值，出口相对价格下降 0.741%，与理论预期相一致。

（2）模型 11、模型 12 的结果也显示出口价格变动对出口量的长期效应不显著。

（3）模型 13、模型 14 的估计结果显示汇率变动对进口相对价格的变动有正向影响，其中短期效应显著，长期效应不显著。当本币实际贬值 1%，短期内的进口相对价格提升 0.295%；进口相对价格提升 1%，进口量下降 0.22%。总体而言，汇率波动对进出口贸易的传递效应不具有显著的长期影响效应，大多数影响效应集中在短期。

表 3.3 给出了汇率波动对出口增加值的长期影响效应估计结果。

表 3.3　　汇率波动对出口增加值的长期传递效应估计结果

自变量	模型 15 ΔlnXV	模型 16 ΔlnXV	模型 17 Δlntfp	模型 18 ΔlnXV	模型 19 ΔlnXV	模型 20 ΔlnXV	模型 21 ΔlnXV
ΔLnreer	-0.208** (0.052)	-0.152** (0.053)	0.019** (0.009)	-0.337** (0.053)	-0.188** (0.054)		
F. Δlnreer		-0.086** (0.027)	-0.192* (0.010)	-0.078** (0.030)	-0.052** (0.028)		
ΔLnXP						0.435** (0.053)	0.435** (0.053)
F. ΔlnXP							-0.001 (0.002)
Δln(w/p)	-0.127 (0.089)	-0.156 (0.093)		0.235** (0.087)	-0.114 (0.093)		
ΔlnY*	1.663** (0.104)	1.833** (0.105)		1.714** (0.117)	1.697** (0.111)	1.436** (0.127)	1.436** (0.127)
Δlntfp	1.076** (0.121)	1.124** (0.126)			1.037** (0.127)	0.993** (0.108)	0.988** (0.108)
fc	-0.047** (0.011)		-0.015** (0.004)	-0.064** (0.013)	-0.043** (0.012)	-0.062** (0.011)	-0.062** (0.011)
常数	-0.002 (0.008)	-0.02** (0.008)	-0.001 (0.002)	-0.006 (0.010)	-0.004 (0.009)	0.011 (0.009)	0.010 (0.010)
样本量	43	43	43	43	43	43	43
R 平方	0.679	0.672	0.047	0.642	0.680	0.674	0.674
Wald 卡方	1174.87	1051.05	25.49	910.51	1085.81	1153.21	1154.64

注：** 表示 1% 的显著性水平；* 表示 5% 的显著性水平；括号中数字为“Std. Err.”。

从模型 15、模型 16 的估计结果来看，汇率波动对出口增加值的长期影响效应显著，不过相对于短期效应，影响大小降低了近似一半，例如短期效应为“-0.152”，长期效应为“-0.086”。对比表 3.2 中汇率对总进出口贸易的影响，汇率波动对出口增加值的长期影响效应要显著得多。对此的解释是，总进出口贸易中既包括一般消费品的进出口，也包括与全球价值链相联系的加工贸易，特别是消费品的进出口对汇率波动的价格效应能够做出迅速调整，因而汇率波动的传导效应集中在短期。而与加工贸易相关的生产调整较慢，汇率对生产变量（比如 TFP）的影响更为长远，因而汇率对出口增加值的长期效应较显著。

模型 17、模型 18、模型 19、模型 20 和模型 21 进一步考察了全要素生产率（TFP）的调节效应。为了剔除变量的内生性，通过变量的一阶差分进行回归分析。(1）从模型 17 的结果来看，汇率的变动与长、短期 TFP 的变动都有显著的关系，且汇率变动的综合效应为“0.019 - 0.192 = -0.173”，表明本币的实际升值将促进经济体的 TFP 增长，也即本币升值具有较强的生产率提升倒逼效应。(2）另外，从模型 18 和模型 19 的对比分析来看，当在模型 19 中引入 TFP 变量之后，汇率变动对出口增加值影响大小有显著的下降，其中，短期效应由“ -0.337”下降到“ -0.188”，而长期效应由“ -0.078”下降到“ -0.052”。其中的原因来自实际汇率变动对出口增加值的部分影响效应通过 TFP 变量实现。当本币实际升值，将提升出口增加值，而且部分影响效应通过提升生产率间接促进出口增加值的提升。(3）在模型 20、模型 21 中，出口价格对出口增加值变化具有较强的短期效应，长期效应并不显著。另外，出口相对价格上升，出口增加值也上升。(4）最后在所有模型中发现，2008 ~ 2009 年间的全球金融危机对出口增加值变动有显著的负效应，即危机冲击降低出口增加值。而市场需求具有正向效应，这也表明通过扩展市场需求也可以提升出口增加值。

第四节　小　　结

本章的主要贡献是在利等（Leigh et al.，2016）的基础上拓展了检验汇率波动传递效应的6类方程，引入出口增加值、TFP等变量，考察在全球价值链环境中除了汇率影响贸易的价格效应之外的其他效应，例如检验汇率波动是否倒逼企业技术创新并间接地促进了出口增加值的提升。本章利用WIOD数据库中的投入产出数据计算了全球43个主要经济体57个细分产业在2000～2014年的出口增加值，并结合PWT数据检验了汇率波动对出口增加值贸易的影响机制。实证结果显示：（1）汇率波动对进出口价格以及进出口量、出口增加值都产生显著影响。这表明在全球价值链中，汇率对贸易的传导影响机制依然存在。（2）实际汇率变动、TFP增长与出口增加值增长三者之间存在显著关联，并且当同时引入实际汇率变量与TFP变量时，前者对出口贸易及出口增加值影响效应的大小和显著性下降，这表明TFP在汇率影响贸易的传导机制中发挥中介调节效应。本币实际升值通过倒逼或促进企业技术创新，提高了生产率和贸易竞争力，间接地提升了出口增加值。这一结论与许家云、佟家栋和毛其淋（2015）对人民币汇率变动与中国制造业企业生产率变动关系的研究结果一致，表明汇率变动确实对企业生产率变动产生影响。（3）汇率波动对一般进出口贸易的传导效应集中在短期，对出口增加值则具有一定的长期影响效应，这也是全球价值链下的传递机制不同于传统贸易传递机制的特点之一。全球价值链下汇率对企业生产的影响效应长于对一般消费品进出口的影响效应。

综上分析，一是从发达国家的经验来看，更为宽松的汇率机制并没有削弱其在全球价值链中的地位。汇率波动还存在一定的生产率改进效应，进而提升该国贸易的国际竞争力。因而，人民币的适当升值以及构建更为宽松的人民币汇率形成机制有利于中国在全球价值链中获取更好的国际分工利益格局。例如，市场化的人民币升值有利于倒逼企业技术创新，提升生产率和生产的国际竞争力，也有利于出口增加值的提升。人民币汇率市场化形成机制有利于增强贸易对汇率的反应弹性，促进贸易转型。二是要促进中国的贸易转型，有必要形成汇率波动对TFP增长的促进机制，而不是依赖于传统的汇率对进出口价格的传导机制。因为在全球竞争格局下，当汇率波动时，即使通过价格调整能够保持一定的市场竞争力，但是从贸易中获取的利益或贸易增加值并不多。相反，如果汇率波动能促进企业的技术进步，那么它能够更长久地获取市场竞争力和贸易利益。而要实现这一传导机制的转变就要加大对贸易型企业的创新鼓励，通过财税政策支持它们应对汇率波动的生产调整。三是市场需求规模因素能够在一定程度上调节汇率波动对贸易量的冲击影响。从对内、外需求变量的回归结果来看，在控制汇率因素及其价格影响效应后，前者与进出口贸易量变化呈现出显著的正相关。这一结果表明，除了汇率及价格因素之外，贸易量的变动相当部分受到需求因素的影响。因此，在给定汇率变动的条件下，一个经济体的内需增大，可以缓冲汇率变动带来的不利冲击，例如出口转内销，因而也更能适应市场化的汇率形成机制，在这一机制中，汇率的波动频率更高。四是实证结果显示，占据全球贸易增加值领先地位的经济体是那些深入参与全球价值链的经济体。虽然 2008 ~ 2009 年的全球金融危机对它们的贸易增加值增长产生了一定的负面影响，但是其增长趋势仍很显著，这一进程也无法改变。中国只有更深入地参与全球价值链分工并在一些产业中保持足够生产竞争力，才可以赢得出口贸易增加值的持续增长。

第四章

汇率传导的微观企业作用机制解析：选择效应与生产率提升倒逼效应

本章将构建以竞争性贸易为基础的汇率传导微观模型，重点考察汇率波动对出口企业收益、定价以及生产率调整等变量的影响。区别于以往研究仅限于讨论汇率波动对价格的传递效应，本章的模型分析将更细致地揭示汇率波动的微观作用机理。

本章的研究具备两大特点：一是能够考察不完全竞争环境中的汇率波动传导效应。在不完全竞争环境中，每个企业都有很多的选择权，可以通过相关变量调整提升竞争力，这也更符合当前的市场状态。那么面对汇率波动，不完全竞争企业就会做出相应的决策变量调整，即本章试图考察的汇率传导机制；二是将异质性企业模型改进为生产率可变的内生传导模型，考察汇率波动对企业生产率提升的倒逼效应，最终解析可能存在的汇率传导机制对贸易转型发展的推动作用及路径，为政策建议的制定提供基础。

如前面的文献回顾所示，已经有很多研究探讨了汇率的不完全传导机制，包括宏观、微观的实证分析，也提出了很多解释理论，重要的如企业盯市定价（PTM）理论等。例如，陈学彬等（2007）利用海关月报的数据，分析了各行业面对人民币汇率升值时的出口价格传递效应，结果显示具有传统比较优势的劳动密集型行业具备超强的盯市能力，在人民币升值时出口商能降低本币出口价格；而以加工贸易为特征的一些高科技制造业存在汇率不完全传递现象。在新新贸易理论（梅里兹，2003）出现之后，学者们又将异质性企业理论与汇率传导理论相结合，分析影响和决定汇率不完全传导的机制与因素，他们引入了企业的生产率与产品质量等变量，考虑了企业的加成变化对汇率传导机制的影响。伯曼、马丁和麦尔（Berman，Martin & Mayer；2012）利用法国企业的数据研究了出口企业对汇率变化的反应，发现高绩效企业对汇率贬值的反应是增加他们的加成率，而少增加出口量。查特吉和迪克斯－卡内罗（2013）也研究了汇率冲击对多产品出口企业的影响，发现当汇率贬值时，企业会增加加成率。德克尔、郑和里奥（Dekle，Jeong & Ryoo；2016）利用日本企业数据估算了出口的汇率弹性，发现出口的汇率弹性为负。在国内，韩大平、吴洪（2014）利用海关数据和ARCH模型做了人民币汇率与出口变化之间的关系检验。张欣、孙刚（2014）利用上市公司的微观数据进行了实证检验，显示生产率的提升可以减缓汇率的冲击。许家云、田朔（2016）利用2000～2007年的中国海关数据库和工业企业数据库的匹配数据，以中国制造业企业为样本，使用倍差法考察了2005年以来人民币升值对中国制造业出口企业加成率的影响。结果显示，2005年人民币汇率制度改革之后，与非出口企业相比，出口企业的加成率显著降低。许家云、毛其淋（2016）同样利用工业企业与海关匹配的数据分析，结果显示，人民币升值显著降低了出口企业的加成率，并且对于出口依赖程度越高的企业，人民币升值对其加成率的负面影响越大。因此，现有的汇率传导理论研究已经深入到微观企业，研究内容也更为丰富。

但是，现有的研究仍存在很大的不足。一是许多研究忽视了企业生产率变量是汇率对企业出口行为传导中的重要调节变量。一方面，大部分研究将汇率波动的传导效应仅局限于直接效应，例如对价格、出口量等，而没有考虑到市场竞争结构以及生产率变量的调节作用。市场竞争结构是影响企业行为的一个重要变量，也是一个能够更全面考察汇率波动影响的关键因素；另一方面，生产率变量也是企业可以调控且在出口竞争中发挥重要作用的变量。因此，如果忽视这两方面的影响，汇率传导机制的分析将是不全面的。

二是一些研究将企业生产率变量作为一个外生变量引入模型。但是，这样的分析实际上并不能完全刻画企业异质性与汇率传导之间的复杂作用机制。理由有三点：（1）企业的生产率往往是内生的，而不是外生的。那么在内生机制下，企业生产率与汇率波动的相互作用机制又如何呢？很显然，其中会有更为复杂的机理；（2）异质性企业理论的最大特点是出口是一个选择机制，出口与非出口企业间设置了一个“门槛”，将高生产率企业与低生产率企业分离出来。实际上，汇率波动也具有类似的机制，出口企业面临着比不出口企业更大的收益波动风险，因此相对于不出口的企业而言，能够持续出口的企业，或者能够抵御汇率不利冲击的企业应该有着更高的生产率。从这一角度来看，汇率的不利波动对所有出口企业的生产率分布有一个影响，即静态的选择效应。这也显示出两者之间并不是单向的关系，而是双向的关系；（3）更进一步，汇率的不利冲击还有可能促进部分企业提升生产率，因而两者之间有可能存在一个动态的双向关系。因为，在某些竞争环境下，汇率波动改变了企业研发选择的条件，进而促使企业的最优行为是增加创新，提升生产率。研究这种环境条件对于部分要进行汇率制度改革的国家，例如中国而言，是非常有意义的。例如，在何种条件下，通过汇率制度改革（例如选择灵活的汇率变动体制）可以促进企业转型升级、提高出口绩效。

异质性企业理论给我们提供了一个独特的视角解析汇率波动对企业出口转型的影响，本章的研究目的即更深入地解析这种机制及其影响因素。本章的主要特点是基于异质性企业模型，从汇率冲击的静态选择效应以及生产率动态倒逼效应来分析汇率传导机制，一方面解析了生产率对汇率传导机制的影响；另一方面又深入探究了汇率波动引起的生产率变动（反作用），进而导致汇率的不完全传导。特别是后一个效应的研究，几乎没有学者探寻过。研究结果显示，在静态选择效应（即企业生产率不变）中，汇率传导完全，本币升值将降低出口企业的销量和收益，同时，部分企业将退出出口市场；但是在动态效应中，异质性企业会进行创新选择以抵消汇率波动造成的冲击，会造成汇率的不完全传导。在我们构建的动态模型中，在不同的产品替代弹性下，异质性企业面对汇率冲击的反应是不一样，有的企业会增加创新以保留出口市场，而有的企业会放弃或退出出口市场。

为了检验模型的主要推论，本章利用 2000 ~ 2007 年中国工业企业与海关数据，检验分析汇率变化对中国出口企业的影响效应。2005 年我国汇率制度调整，人民币升值，汇率波动对出口企业肯定会形成较大的冲击，而利用微观数据进行检验，能够发现更多新的规律。

第一节　汇率传导的微观企业模型

一、进口国消费市场与企业定价

首先，本章借鉴梅里兹（2003）模型，引入常数替代弹性（constant elasticity of substitution，CES）消费函数。该类型消费函数的重要特征是存在多种产品，每一种产品代表一个出口企业，产品之间是不完全竞争的，这意味每个企业对其产品有一定的定价控制能力，而这一因素会影响汇率传递效应（正如很多文献所阐述的，不完全竞争是汇率不完全传导的一个重要因素）。另外一个特征是不同企业的产品之间的替代弹性又是固定的，这也是为何 CES 函数称为“常替代弹性函数”的原因。尽管有这一约束，但是本章模型将论证影响产品定价和汇率传导的因素主要还是企业的生产率。

假定进口国消费者的 CES 效用函数为：

$$U = \left[\int_{\omega \in \Omega} q(\omega)^{\rho} d\omega\right]^{\frac{1}{\rho}} \tag{4-1}$$

其中，Ω 表示所消费的产品集合，$\Omega = [0, 1]$，ω 是其中的连续统产品。每个企业生产 1 种产品，因而 Ω 也是所有企业的集合。这些产品之间具有相互替代性，产品之间的替代弹性 $\sigma = 1/(1-\rho) > 1$，它与参数 ρ 有关，且 $0 < \rho < 1$。替代弹性大于 1 意味着，各个企业的产品之间是可以替代的，也即所有企业处于一个竞争性市场。定义 $Q \equiv U$，它也可以表示“消费品总量”。

进一步定义消费的总价格水平变量：

$$P = \left[\int_0^{\chi} p(\omega)^{1-\sigma} d\omega + \int_{\chi}^{1} p_i(\omega)^{1-\sigma} d\omega\right]^{\frac{1}{1-\sigma}} \tag{4-2}$$

在这一变量中，包含了国内产品（本国生产的产品）和国外产品（进口产品）。其中，$p(\omega)$ 是本国（进口国）产品的价格，$p_i(\omega)$ 是外国（出口国）产品的价格。因而 $[0, \chi]$ 为国内企业，其余为外国企业。这里尤为需要注意的是，所有的产品的价格都是以进口国的货币表示的价格。

下面进一步考虑企业产品定价问题。假定企业依据利润最大化来定价的，均衡的定价公式为边际收益等于边际成本。如果假定其他企业行为决策不变（在纳什均衡），很容易求得单一企业的边际收益。这里最为关键的是企业的成本。一般而言，企业的成本有两种：一个是固定成本（固定成本是一个很重要的概念，在理论推导中也非常重要，但是在很多研究中都对其做了简化处理，至于其性质探讨更是非常少），一个是边际成本，且都用劳动投入数量来表示。假定对应任一产品的企业的生产率为 φ，w 是劳动者工资，w/φ 可以衡量生产单位产品的边际成本。f 是固定成本。总的劳动投入为 $l = f + \frac{q}{\varphi}$。

由消费者的最优化决策可以得到每一种产品的销量函数和收益函数：

$$q(\omega) = Q\left[\frac{p(\omega)}{P}\right]^{-\sigma}, \quad r(\omega) = p(\omega)q(\omega) = R\left[\frac{p(\omega)}{P}\right]^{1-\sigma},$$

其中：
$$R = PQ = \int_{\omega \in \Omega} r(\omega)d(\omega)$$
其中，来自外国单一种类的进口产品的销量和收益分别为：
$$q_i(\omega) = Q\left[\frac{p_i(\omega)}{P}\right]^{-\sigma}, \quad r_i(\omega) = p_i(\omega)q_i(\omega) = R\left[\frac{p_i(\omega)}{P}\right]^{1-\sigma}$$

从上面式子可以看到：每一种类的产品销量和销售收益不仅取决于自身定价，也取决于不同种类之间产品的替代弹性以及其他种类产品的定价。对于进口产品，如果将销售收益换算成外国货币（出口国的货币）表示，则是：
$$r_i'(\omega) = \frac{p_i(\omega)q_i(\omega)}{c} = \frac{R}{e}\left[\frac{p_i(\omega)}{P}\right]^{1-\sigma} \tag{4-3}$$
其中，e是进口国采用的直接标价法汇率，即一单位外国货币（出口国的货币）等于e单位本币（进口国的货币），$p_i' = p_i/e$ 是换算成外国货币的价格。

那么由单个企业的生产及定价最优决策，可以得到不同种类替代产品的最优定价为下面的式子：
$$p(\varphi) = \frac{w}{\rho\varphi}, \text{或 } p_i(\varphi) = \frac{ew'}{\rho\varphi}, \ p_i'(\varphi) = \frac{p_i(\varphi)}{e} = \frac{w'}{\rho\varphi} \tag{4-4}$$
上面式子包括了两种类型企业的定价，一类是进口国国内产品企业的定价，另一类是进口国进口产品的定价，后者也就是外国出口商的定价。其中，$p(\varphi)$ 和 $p_i(\varphi)$ 都是以本币（即进口国货币）表示的价格。$p_i'(\varphi)$ 则是将进口产品的价格换算成出口国货币表示的价格，对于出口国而言，也就是换成其“本币”价格。上面这些式子还有几个重要特征：一是定价与工资水平有关，工资水平影响了边际成本，依据边际收益等于边际成本的定价公式得到；二是定价还与企业的生产率水平 φ 相关，因为它也决定了企业生产产品的相对成本高低。可以看到一个重要特征，即企业的生产率越高，在同等条件下，企业的产品定价越低。企业的这一选择是基于利润最大化角度考虑的。三是企业的产品定价还与 ρ 有关，它又是产品替代弹性的唯一决定因素。因此，从上面归纳可以看出，企业的生产率、工资水平以及产品竞争的替代性程度是企业定价的关键因素。进一步，产品的定价还会影响到产品的销量和销售收益。如果将进口产品定价转换为出口国的本币（对于进口国而言是外币）的价格，即 $p_i'(\varphi)$。这里注意最关键的特征是 $p_i(\varphi)$ 中有汇率，而 $p_i'(\varphi)$ 中没有汇率。其原因是 w' 是以出口国货币表示的工资，而 $p_i'(\varphi)$ 所采用的表达货币是与其一致的，都是以出口国的货币表示的价格和工资，相反 $p_i(\varphi)$ 是以进口国的货币表示的价格①。

二、出口国货币升值对出口定价及企业收益的静态影响

本章这一小节考察如果出口国的货币升值，将对出口国的企业产品定价和出口收益产生什么影响？这种影响效应即是本书所分析的汇率传导效应中的一种，即静态效应。所谓静态是在企业的生产率、工资水平以及产品竞争替代弹性等给定的情形下，汇率变化所产生的影响。后文将讨论，如果生产率可以变动，汇率波动又会产生什么影响。

正如前文所述，不完全竞争市场即是一个分割市场，企业可以依据市场变化情况，灵活地选择定价以实现企业在这一市场中的利润最大化。对于外国产品定价而言，它如果要实现以外币（即以进口国货币）表示的利润最大化，那么它就要考虑到汇率变化可能产生的影响。具体说明，可以从下面出口企业以进口国货币表达的定价公式中看出：

$$p_i(\varphi) = \frac{ew'}{\rho\varphi} \tag{4-5}$$

其中，产品的价格加成可以表示为：

---

① （1）“i”表示进出口产品，“'”表示外国（出口国，如中国）；（2）为了模型阐述的由简单至复杂，本书此处是假设企业只存活一期的；实际上企业可能存活多期，如果折现率为 δ，那么多期收益总和应该是 $\frac{r}{\delta}$。

$$\eta = p_i(\varphi) - \frac{ew'}{\varphi} = \frac{ew'}{\varphi}\left(\frac{1}{\rho} - 1\right) \tag{4-6}$$

在这里注意，$p_i(\varphi)$ 是出口国的产品以进口国的货币表示的价格。那么由等式可以发现几个特征：

第一，出口国的货币升值，即 e（其定义是一单位出口国的货币等于 e 单位进口国的货币的数量，采用了进口国的直接标价方法）变大，出口国的企业的定价提升了，其成本加成也提升了，而且是成比例地提升了。这里我们看到了汇率对出口国出口产品价格以及成本加成的传导效应。这种传导效应的基础是建立在价格或成本的直接传递上的。其逻辑基础是厂商利润最大化的边际成本等于边际收益的均衡等式。由于出口国货币升值，即使出口国以其本币表示的边际成本 w'/φ 没变，但是以进口国的货币表示，则意味着边际成本提升，进而也要求价格（等于边际成本）提升。

第二，这种价格提升，会对出口国的出口产品销量和收益产生何种影响呢？很显然，产品价格提升会降低销量，因为外国产品的价格提升会削弱竞争力，但是净利润怎样变化却有待判断。

从下面等式可以看到：

$$r_i(\omega) = p_i(\omega)q_i(\omega) = R\left[\frac{p_i(\omega)}{P}\right]^{1-\sigma} \tag{4-7}$$

由于 $1-\sigma<0$，表明在产品竞争替代条件下，出口企业的定价提升会降低以进口国货币表达的销售收益，销量由 $q_i(\omega) = Q\left[\frac{p_i(\omega)}{P}\right]^{-\sigma}$ 可以看出，出现了类似的下降。

进一步，如果以出口国自身的货币表示的出口收益，由下面两个式子，可以判断：

$$r_i(\omega) = \frac{p_i(\omega)q_i(\omega)}{e} = \frac{R}{e}\left[\frac{p_i(\omega)}{P}\right]^{1-\sigma} \text{和 } p_i(\varphi) = \frac{ew'}{\rho\varphi} \tag{4-8}$$

则可以看到，随着出口国货币的升值，出口收益将下降，下降比例为

e^{σ}。进一步观察利润函数，可以得到下面等式：

$$\pi(\varphi)=r(\varphi)-wl(\varphi)=\frac{r(\varphi)}{\sigma}-wf \tag{4-9}$$

$$\pi_i(\varphi)=r_i(\varphi)-ew'l_i(\varphi)=r_i(\varphi)-ew'\left(f_i+\frac{q}{\varphi}\right)=\frac{r_i(\varphi)}{\sigma}-ew'f_i \tag{4-10}$$

$$\pi_i'(\varphi)=r_i(\varphi)-w'l_i(\varphi)=\frac{r_i(\varphi)}{\sigma}-w'f_i \tag{4-11}$$

且有 $r_i=er_i'$，$\pi_i=e\pi_i'$。

由上面式子，可以推论得到如果出口国的货币升值，即 e 变大，以出口国的货币表示，那么其出口利润 $\pi_i'(\varphi)$ 也会下降，同时以进口国货币衡量的利润 $\pi_i(\varphi)$ 也会减少。这就是在企业利润最大化情境下，汇率变化对出口企业的价格、销量以及利润的直接影响。

第三，但是在实际中，出口企业可能更为看重的不是一期的利润，而是长期利润。本章采用一个替代变量衡量长期，比如出口企业更看重其出口销量的稳定性，而不是短期利润的提升。那么当出口国货币升值，对出口价格和销量产生不利影响的时候，企业可能不会去调整价格。例如，出口企业会保持出口价格稳定，即短时期出现了出口价格小于边际成本的情况：

$$p_i<\frac{ew'}{\varphi} \tag{4-12}$$

此时，出口企业就会降低其成本加成，即 η。此时的产品销量、销售收益不会发生变化，但是利润还是要出现递减，而且可以判断销售净收益和利润下降得更大。在长期中，只要出口企业能够保持盈利，它就会承担短期的风险损失。不过，如果面对长期的不利汇率冲击，那么亏损企业可能就要退出出口市场。

总结上述，可以得到定理 1。

定理 1：当控制企业外生的生产率不变，出口国的货币升值时，如果出口企业基于利润最大化开展生产经营，那么其出口产品以进口国货币衡量的定价会提升，同时会使得无论以进口国货币还是出口国货币衡量的利润都会下降。如果出口企业更看重稳定出口销量，那么其以进口国货币衡量的出口价格不变，但是利润下降幅度更大。

进一步分析汇率变动对不同生产率企业的定价和收益的冲击效应，即汇率传导效应对异质性企业的影响。将 $p_i(\varphi)=\frac{ew'}{\rho\varphi}$式子对 e 求导，得到：

$$\frac{\partial p_i}{\partial e}=\frac{w'}{\rho\varphi} \tag{4-13}$$

可知，单位汇率变动对企业产品定价的冲击对生产率越高的企业越小，而对生产率越低的企业越大。这也表明高生产率企业可以相对于低生产率企业更容易抵消汇率对价格的不利冲击。

定理2：同等的汇率冲击，∂e 对异质性企业的定价冲击不一样。在相同条件下，高生产率出口企业抵消出口国货币升值的能力大于低生产率企业，即其定价变动的绝对值要小。

另外，还有几个问题需要澄清：一是国际金融中的一价定理是否依然成立？很显然是不成立的，主要是因为一价定理中的产品是完全替代的，这里的产品是不完全替代的；二是企业生产的固定成本仅是由一个国家的市场分摊的吗？显然不是，因为出口企业既可以在国内销售，也可以在国外销售，两个市场可以分摊生产的固定成本。同时，多进入一个市场就会增加额外的进入成本。

进一步对不同企业经营状况进行比较，可以得到：不同企业的价格之比、产出之比以及收益之比都只依赖于他们的生产率之比，例如：

$$\frac{q(\varphi_1)}{q(\varphi_2)}=\left(\frac{\varphi_1}{\varphi_2}\right)^{\sigma},\ \frac{r(\varphi_1)}{r(\varphi_2)}=\left(\frac{\varphi_1}{\varphi_2}\right)^{\sigma-1} \tag{4-14}$$

总之，生产率越高的企业（更高的 φ）的市场规模会更大（更大的产量和收入），收取更低的价格，获得更多的利润。

很显然，如果企业的产品销售收益超过固定生产成本，它就会再进入国内市场。有些理论还会在固定生产成本之外再加一个市场进入的固定成本，国际国内市场都是如此。例如，f_d 和 f_i。但是我们假定国内企业进入本国市场无进入障碍（即 $f_d=0$），比如在语言、文化、社会关系方面的障碍都会小得多。但是进入外国市场是有进入成本的（在梅里兹的模型中，企业进入本国和外国市场都有一个进入成本）。

这种差异会产生几种影响，只在国内销售的企业需要考虑固定生产成本 f 的影响，不考虑市场进入成本，但是外国企业不考虑生产的固定成本，但是要考虑进入本国市场的固定进入成本。并且这种成本的高低决定了哪些异质性企业可以存活（零利润临界条件）。进而，这种固定成本的差异又决定了企业生存临界条件的差异（例如，可能国内企业的平均生产率偏低）。

例如，只要有下列不等式成立，国内企业就会进入国内市场：

$$v(\varphi)=\frac{r(\varphi)}{\delta\sigma}-wf\geqslant 0 \tag{4-15}$$

其中，$v(\varphi)$ 是多期的企业生产价值函数，δ 是收益折现率。由上式决定了一个生产率临界条件：

$$\varphi^{*}=\inf\{\varphi:\ v(\varphi)\geqslant 0\} \tag{4-16}$$

另外，对于出口企业而言，假定它既在国内市场销售产品，也在国外市场销售产品（一般而言企业都是首先选择在国内市场销售，其次考虑拓展到国外市场），并且假定其进行出口抉择时不考虑生产固定成本的分摊问题，因而它的出口抉择主要考虑出口市场收益是否能够弥补出口市场进入成本。

可以建立外国出口企业的收益函数，它包括两部分，一部分是外国出口企业在自己国家市场的销售收益，另一部分是外国出口企业在本国的出口收益：

$$r_e'(\varphi)=r'(\varphi)+r_i'(\varphi)=r'(\varphi)+\frac{r_i(\varphi)}{e} \tag{4-17}$$

其中，$r_e'(\varphi)$ 是出口企业（外国企业）以它自己国家的货币衡量的总收益，$r_i(\varphi)$ 是出口收益。

对于外国出口企业而言，其价值函数为：

$$v'(\varphi)=\frac{r'}{\delta\sigma}-w'f,\ v_i'(\varphi)=\frac{r_i'}{\delta\sigma}-w'f_i=\frac{e'r_i}{\delta\sigma}-w'f_i,\ \text{且有}\ e'=\frac{1}{e} \tag{4-18}$$

$$v_e'(\varphi)=v'(\varphi)+\max\{0,\ v_i'(\varphi)\} \tag{4-19}$$

这里 e′是出口国的汇率直接标价方法，即一单位进口国的货币等于 e′单位出口国的货币。它和进口国货币的汇率直接标价方法恰好相反。有几个重要问题需要明晰：（1）在梅里兹（2003）模型中引入两个关键性条件，一个是零利润临界条件（ZCP）；一个是自由进入条件（FE）；前者决定企业是否生产，后者决定是否迫使企业退出市场（引入了市场进入成本），两者在本质上其实是一样的。他的模型相对于 Dixit 和 Stiglitz（1977）而言，除了生产的固定成本之外，还多了一个市场进入的固定成本，因而它存在两个“临界”条件。（2）只有当 $f_i>f$ 时（但是这可能是偏误的，很多时候恰恰是 $f>f_i$），才会出现国内市场与出口市场的分离。在这一条件下，$\varphi^*=\inf\{\varphi:\ v'(\varphi)\geqslant 0\}$ 会形成一个国内生产的临界条件。而 $\varphi_i^*=\inf\{\varphi:\ v_i'(\varphi)\geqslant 0\}$ 会形成一个出口的临界条件。且在 $f_i>f$ 条件下，极有可能出现 $\varphi_i^*\geqslant\varphi^*$。但是如果出口市场的规模非常大（例如“大国”），那么也会有 $\varphi_i^*\leqslant\varphi^*$，同时有 $v_i'(\varphi)\geqslant 0$。（3）汇率波动是否只影响出口收益，而不影响出口市场进入固定成本？如果只是固定生产成本，这肯定是成立的，因为固定生产成本只在外国出口商的本国发生，而出口收益则受到出口市场的汇率的影响。但是，由于出口进入成本本身与出口市场有关，因而它可能受到汇率的影响。对于出口企业而言，它的出口产品的总投入成本可能是：$\frac{q_i}{\varphi}w'+e'wf$。这表明出口市场的进入成本主要由出口市场的进入环境、工资水平等因素决定。因此，汇率波动对进出口企业的影响可能有两种渠道或途径：出口收益和出口市场进入成本。

（4）最重要的是考虑汇率波动对生产率临界条件的冲击效应。从 r_i'的公式来看，它等于：

$$r_i' = e' r_i = e' p_i(\varphi) q_i(\varphi) = e' R\left[\frac{w'}{e'\rho\varphi P}\right]^{1-\sigma} \tag{4-20}$$

因而，汇率波动对出口收益有一个非线性作用。

三、均衡中的生产企业与出口企业的生产率分布

依据临界条件，可以求得在位企业的生产率水平分布，

$$\mu(\varphi) = \frac{g(\varphi)}{1 - G(\varphi^*)} \tag{4-21}$$

出口企业的进入概率：

$$\eta_i = \frac{1 - G(\varphi_i^*)}{1 - G(\varphi^*)} \tag{4-22}$$

采用 M 表示任何一国在位企业的数量，那么出口企业数量为 $M_i = \eta_i M$。在两国模型中，一国消费者能够消费的产品种类数量为：

$$M_e = M + M_i \tag{4-23}$$

可以分别定义国内所有在位企业和外国出口企业的平均生产率为：

$$\tilde{\varphi}(\varphi^*) = \left[\int_{\varphi^*}^{\infty} \varphi^{\sigma-1} \mu(\varphi) d\varphi\right]^{\frac{1}{\sigma-1}} = \left[\frac{1}{1 - G(\varphi^*)} \int_{\varphi^*}^{\infty} \varphi^{\sigma-1} g(\varphi) d\varphi\right]^{\frac{1}{\sigma-1}} \tag{4-24}$$

$$\tilde{\varphi}_i(\varphi_i^*) = \left[\int_{\varphi_i^*}^{\infty} \varphi^{\sigma-1} \mu(\varphi) d\varphi\right]^{\frac{1}{\sigma-1}} = \left[\frac{1}{1 - G(\varphi_i^*)} \int_{\varphi_i^*}^{\infty} \varphi^{\sigma-1} g(\varphi) d\varphi\right]^{\frac{1}{\sigma-1}} \tag{4-25}$$

所有企业的混平均生产率则为：

$$\tilde{\varphi}_t = \left\{\frac{1}{M_e}\left[M\tilde{\varphi}^{\sigma-1} + M_i \tilde{\varphi}_i^{\sigma-1}\right]\right\}^{\frac{1}{\sigma-1}} \tag{4-26}$$

进一步利用上面公式可以得到一系列的平均收益公式、平均利润公式等。最重要的结论是这些平均利润和平均收益都实际是与临界生产率水平

有直接关系的，更准确地说直接由临界生产率决定。

四、出口国货币升值对出口企业的两种效应

（一）出口企业进入退出的选择效应

本章在这一部分考虑出口国货币升值对出口企业可能存在的两种效应。一种就是出口企业进入退出的“静态”选择效应。从前面出口企业的出口收益的公式中可以看到汇率的影响（仍然是以企业的利润最大化为分析依据。如果放弃这一依据，就会产生变量的其他变动可能性）。

$$r_i' = e' r_i = e' R\left[\frac{w'}{e'\rho\varphi P}\right]^{1-\sigma} = (e')^{\sigma} R\left[\frac{w'}{\rho\varphi P}\right]^{1-\sigma} \quad (4-27)$$

显然，e'减少，即本币（即出口国货币）升值，出口收益下滑（如定理 1 所阐释）。

进一步考察汇率变动对出口企业的生产临界点的影响。因为出口收益（以出口国货币衡量）r_i'是生产率 φ 的正比例函数，并且出口企业进入市场的固定成本为 $w'f$，以出口国货币衡量是不变的。因此，当本币升值时，出口企业的出口收益下降，要克服固定的出口进入成本（以外币衡量），必须要求更高的生产率临界值，即 φ_i 要提高，此即出口企业进入退出的静态选择效应。

$$\varphi_i = \inf\{\varphi: v_i'(\varphi) \geqslant 0\} \quad (4-28)$$

由此，形成定理 3：

定理 3：汇率变动对出口企业的收益具有直接影响，并且对企业的进入退出具有选择效应。即出口国的本币升值，出口企业的出口收益将下滑，为了进入出口市场，只有生产率高的企业才能弥补进入成本 f_i，并实现出口。在均衡中，这种选择效应还会提高所有出口进入企业的平均生产率。

另外，还可以考虑一种更为贴近现实的情况，即进入出口市场的固定成本由出口市场的固定数量劳动投入决定，即出口市场进入成本（以出口

国的货币表示）为 $e'wf_i$，其中 f_i 是以劳动数量衡量的进入成本（必须雇用的固定数量的进口国的劳动数量），wf_i 是以进口国货币衡量的付给进口国固定数量劳动工人的总工资额，$e'wf_i$ 就是以出口国货币衡量的进入进口国市场的固定成本。那么这一成本随着出口国的货币升值、进口国的货币贬值而下降。将其代入企业的净收益函数或利润函数，可以看到，随着 e' 的下降，净收益 v_i' 是在下降的。这也意味着，要突破出口临界点（即 v_i'）仍要求提高企业的生产率。

由此，形成汇率传导的定理4：

定理4：当出口国的本币升值时，出口国的企业要保持出口市场，就必须不断提高生产率，因此这一过程也意味着，面对不利的汇率冲击，通过企业的生产率不断上升（选择效应会剔除低生产率企业），可以保持住出口规模和销量，使得汇率具有不完全传递效应。这也印证了诸多理论提出的假说。

进一步我们还可以分析汇率变化对出口企业价格加成变化产生的影响。这一影响机制非常重要，它意味着企业主动调整单位产品收益以应对汇率变化对销售量或销售规模带来的不利冲击。销售量或销售规模实际代表着企业与消费者的一种“联系”，这种联系是后续盈利的基础。在面对不利冲击时，为了保证销售规模，企业往往调控价格以抵消汇率的不利冲击。

从下列公式可知：

$$p_i' = \frac{p_i}{e} = \frac{w'}{\rho\varphi} \tag{4-29}$$

以出口市场的货币表示的价格 p_i 会对 e 或 $e' = \frac{1}{e}$ 做出调整，并使得 p_i' 和 $w'/(\rho\varphi)$ 保持不变。如果以出口市场的货币衡量成本加成（以变量 η 表示）变化，则是：

$$\eta = p_i - \frac{ew'}{\varphi} = e\left(p_i' - \frac{w'}{\varphi}\right) \tag{4-30}$$

由公式4－30可以看出它（以进口国的货币表示）随汇率而变化。但是以出口国的货币表示的成本加成是不变的。由此，可以得到上述分析的主要结论，即汇率变化对以出口市场货币表示的成本加成有完全传导效应。

定理5：汇率变化不对以出口国货币表示的成本加成有影响，其完全传导到以进口国货币表示的成本加成变化上。

（二）出口企业的生产率提升倒逼效应

异质性企业出口模型的最大启示是，出口存在一个临界条件（出口市场进入成本），只有能够克服这一成本的企业才能持续存在于出口市场。这一固定成本代表着一种“门槛”（可以是关税、或市场信息搜寻成本等等），只有那些高生产率企业通过单位产品销售上获取相对其他企业较多的收益才能克服这一固定的进入成本。

结合到汇率冲击，尽管不利的汇率冲击可能降低每单位产品销售的收益，并且迫使部分低生产率的企业退出出口市场，但是实际中，也有很多企业并不会由于汇率的不利冲击退出出口市场，即退出粘性。其原因在本质上与出口市场的“进入成本”相似。第一，尽管进入外国市场存在一系列不利因素，但是进口国与出口国存在系统性差异，例如生产技术与成本等方面的差异，而且这种差异不可能在短时期内改变，这也是为什么实际中出口国的大批企业（可能它们之间也存在生产率差异）“聚集式”进入出口市场，而不是仅仅单个企业出口。第二，如果进口国市场足够大，即前述等式中的“R”很大，出口企业一般不会放弃这一市场（除了临界生产率企业）。从一个动态角度而言，它会在短期中做一些调整，承担出口市场一定时期造成的亏损，直到汇率呈现有利方向的变化，或者通过其他方面的调整，站稳出口市场，即采用国内市场的收益 r' 补充出口市场的 r'_i，从而保证两个市场的总收益 r'_e 最大。另外，如果出口市场是一个不完全竞争市场，很多企业面临汇率冲击，也可以做出一定调整，例如成本加成调整（实际上相当部分企业不一定是按照利润最大化的边际收益等于边际成本来定价的，即 $p_i' = \frac{p_i}{e} = \frac{w'}{\rho\varphi}$，相反很多企业的实际定价会高于这一公式决定的定价。因而，在面临不利冲击时，会做出成本加成的调整）。

第三，也是最重要的一个因素，即出口企业通过创新改进 φ，以克服汇率变化带来的不利影响。在经济理论中，创新投入也是一个固定成本投入，从模型角度而言，它与出口进入成本 f_i、固定生产成本 f 具有相似性。我们假定创新方程为 $f_x(\varphi)$，一次创新努力提升生产率水平 $d\varphi$，其中 $f_x(\varphi)$ 是创新投入的固定成本（采用劳动数量刻画）。在均衡处将有：

$$dv_e = f_x \tag{4-31}$$

由：

$$\frac{dv_e}{d\varphi} = \frac{R'}{\delta\sigma}\left[\frac{w'}{P'\rho}\right]^{1-\sigma}(\sigma-1)\varphi^{\sigma-2} + \frac{e'R}{\delta\sigma}\left[\frac{ew'}{P\rho}\right]^{1-\sigma}(\sigma-1)\varphi^{\sigma-2} \tag{4-32}$$

其中，$e' = \frac{1}{e}$，进而可以转换为：

$$\frac{dv_e}{d\varphi} = (R'(P')^{\sigma-1} + (e')^{\sigma}R(P)^{\sigma-1})\left[\frac{\sigma-1}{\sigma}\right]^{\sigma}\frac{(w')^{1-\sigma}\varphi^{\sigma-2}}{\delta} \tag{4-33}$$

我们同时假定，企业创新随着生产率水平的提升，实现生产率进一步提升的难度越来越大，即 $f_x(\varphi)$ 是一个递增函数（注：只是一种可能的创新函数形式；当然还有其他形式，比如提高单位 $d\varphi$，创新投入成本一样，$f_x(\varphi)$ 是一个常数，f_x），即：

$$f_x(\varphi) = b\varphi \tag{4-34}$$

需要额外注意的是，前面模型的“外生生产率”决定与上一等式相关。上述模型实际上是一个“半内生”模型，我们假定各个企业初始的生产率是外生决定的，服从一个概率分布。本章主要分析在面临汇率冲击（特别是长期的不利汇率冲击时）的时候，异质性企业是如何在短期中调整自身的生产率的。实际上，这一调整过程也不可能停止，企业会依据创新收益和成本比较，不断进行选择，直到最后的均衡。在短期中，企业的创新基础就是以外生的生产率 φ 为基础，做进一步生产率改进。

首先可以得到一个等式：

$$(R'(P')^{\sigma-1}+(e')^{\sigma}R(P)^{\sigma-1})\left[\frac{\sigma-1}{\sigma}\right]^{\sigma}\frac{(w')^{1-\sigma}\varphi^{\sigma-2}}{\delta}=w'b\varphi \tag{4-35}$$

或者：

$$(R'(P')^{\sigma-1}+(e')^{\sigma}R(P)^{\sigma-1})\left[\frac{\sigma-1}{\sigma}\right]^{\sigma}\frac{(w')^{1-\sigma}}{\delta}=w'b\varphi^{3-\sigma} \tag{4-36}$$

给定某一不利的汇率冲击 e′，例如出口企业所在国家的本币升值时，即 e′变小，它降低了出口企业的收益，此时，由上面等式决定的 φ 为 $\varphi^{\#}$。$\varphi^{\#}$使得创新的边际收益等于边际成本。进一步如果有（假定某一汇率冲击使得两个生产率临界值重合）：

$$\varphi^{\#}=\varphi_i^{*} \tag{4-37}$$

且有：

$$(R'(P')^{\sigma-1}+(e')^{\sigma}R(P)^{\sigma-1})\left[\frac{\sigma-1}{\sigma}\right]^{\sigma}\frac{(w')^{1-\sigma}(\varphi^{\#})^{\sigma-2}}{\delta}=w'b\varphi^{\#} \tag{4-38}$$

那么它恰好是出口临界生产率水平。这类企业处于双重均衡①：一是处于出口临界位置，另外处于创新选择均衡，创新的边际收益等于边际成本，也无激励进行创新。但它们也是最脆弱的，一旦汇率不利冲击发生，有可能迫使他们退出出口市场，它们也不可能进行创新（因为一旦创新，其创新边际成本大于创新边际收益），所以它们会退出出口市场。我们考虑不同产品替代弹性下的企业的创新选择。

现在我们考虑汇率不利冲击的影响：

（1）当产品间的替代弹性处于 $\sigma>3$ 时（即产品替代弹性很大的时候），大于临界生产率的企业（即 $\varphi>\varphi^{\#}=\varphi_i^{*}$）会选择创新，此时创新的

---

① 在汇率不利冲击之前，有部分是处于双重均衡，它是“不动”；但是其他企业可能处于生产率不断调整（创新）状态，调整方向取决于产品替代弹性大小。即使没有汇率冲击，它们也会进行创新。

边际收益与边际成本差额随 φ 提升而提高，企业的生产率都会提高，企业会保留住出口市场（尽管出口收益可能并没有提高）。并且，面对相同的汇率冲击，生产率高的企业的创新激励更大，这一点可以从创新的边际收益与边际成本之比中看出来，即：

$$\frac{(R'(P')^{\sigma-1}+(e')^{\sigma}R(P)^{\sigma-1})\left[\frac{\sigma-1}{\sigma}\right]^{\sigma}\frac{(w')^{1-\sigma}\varphi^{\sigma-2}}{\delta}}{w'b\varphi} \tag{4-39}$$

它是生产率 φ 的增函数。

此时，汇率冲击（不一定是这个原因）使得所有出口企业的生产率都有提升。

（2）当 $3>\sigma>2$ 时，创新的边际收益随着企业的生产率水平 φ 而递增（不考虑创新的边际成本），但是其小于边际成本。虽然企业进行创新的边际收益小于边际成本，但是，对于部分企业而言，其进行创新虽然承担了较高成本，但可以提升出口收益，并保留住出口市场（如果仅考虑出口市场收益提高（创新成本仅由国内市场承担），则愿意进行创新；如果考虑总市场收益提升与成本的比较，则不愿意进行创新）。而对于那些具有足够高的生产率水平的企业（不担心退出出口市场的企业）而言，虽然不利的汇率冲击降低了其出口收益，但是也不至于使其失去出口市场，它们也不会选择创新。

（3）当 $2>\sigma>1$ 时，创新的边际收益随着企业的生产率水平 φ 而递减，且边际收益始终小于边际成本。同样，那些能够保留住出口市场的企业（抵消汇率的不利冲击），也不会选择创新。即使是出口临界企业也不会选择创新。

定理6：汇率冲击对出口企业的影响要着重考虑产品的替代弹性大小以及生产率高低不同的企业，具体情况具体分析。汇率冲击对出口企业创新选择的影响依赖于企业之间的产品替代弹性，当 $\sigma>3$ 时（即高产品替代弹性时），汇率的不利冲击有可能（只是原因之一）会倒逼包括临界企业在内的所有企业的创新；当 $3>\sigma>2$（即中等替代弹性时），部分企业为了保留住出口市场会选择创新（很看重出口市场），即使是创新的边际收益小于边际成本；而远远高于临界水平的出口企业（不担心被挤出出口市场的企业）不会选择创新；当 $2>\sigma>1$（即低等替代弹性时），所有企业不会选择创新以应对汇率的不利冲击，因为创新的边际收益是递减的。

第二节 计量模型设计与变量说明

一、计量模型设计原理

为了深入研究汇率的微观企业传导机制，我们采用了2001～2007年的中国工业企业和海关匹配数据进行研究，共计80607个企业，它们分别出口到203个国家和地区，每家企业出口的产品种类数从最低1种到406种（按海关分类标准），分属37个行业。

依据前述模型推论，我们可以总结出本章核心变量之间的关系如图4.1所示：

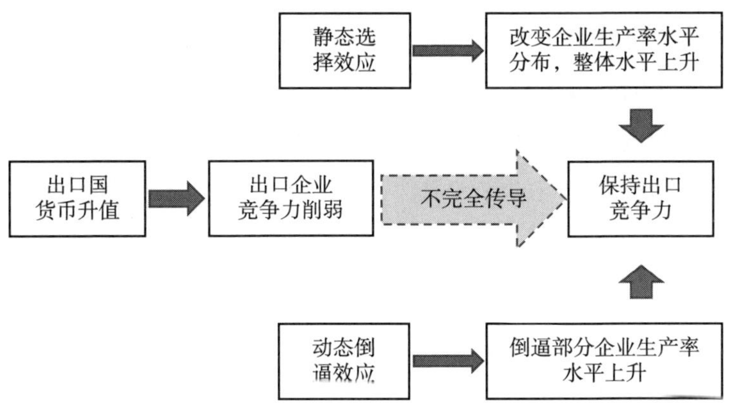

图4.1 汇率传导的不完全机制

本章的实证分析就是重点考察上述的汇率传导机制，其具体研究内容包括以下问题：一是在控制其他诸多变量的情形下，出口国的货币升值是否导致了出口贸易值的下滑，即对出口贸易值是否有完全的传导效应？二是企业的生产率变动是否在汇率传导中起了调节作用？即生产率变动是否会改变汇率对出口贸易值的传导效应？三是企业的生产率是否会由于汇率的变动而改变？又有哪些因素会影响到这种反向作用？对于这些问题的实证分析，将检验上述理论模型得出的一些基本推论，包括汇率不利冲击对出口企业的静态选择效应以及生产率提升的倒逼效应等。

基本的计量模型包括：

$$\mathrm{lnexport} = \alpha + \beta_1 \mathrm{lntfp} + \beta_X \mathrm{lnX} + \beta_\psi \psi + \beta_\eta \eta + \beta_\gamma \gamma + \beta_\xi \xi + \varepsilon$$

$$\mathrm{lnexport} = \alpha + \beta_1 \mathrm{lnex} + \beta_X \mathrm{lnX} + \beta_\psi \psi + \beta_\eta \eta + \beta_\gamma \gamma + \beta_\xi \xi + \varepsilon$$

$$\mathrm{lnexport} = \alpha + \beta_1 \mathrm{lntfp} + \beta_2 \mathrm{lnex} + \beta_X \mathrm{lnX} + \beta_\psi \psi + \beta_\eta \eta + \beta_\gamma \gamma + \beta_\xi \xi + \varepsilon$$

$$\mathrm{lntfp} = \alpha + \beta_1 \mathrm{lnex} + \beta_X \mathrm{lnX} + \beta_\psi \psi + \beta_\eta \eta + \beta_\gamma \gamma + \beta_\xi \xi + \varepsilon$$

$$\mathrm{lntfp} = \alpha + \beta_1 \mathrm{lnex} + \beta_2 \mathrm{lnhhi} + \beta_3 \mathrm{lnex} \times \mathrm{lnhhi} + \beta_X \mathrm{lnX} + \beta_\psi \psi + \beta_\eta \eta + \beta_\gamma \gamma + \beta_\xi \xi + \varepsilon$$

$$\mathrm{lntfp} = \alpha + \beta_1 \mathrm{lnex} + \beta_2 \mathrm{lnrd} + \beta_3 \mathrm{lnhhi} + \beta_4 \mathrm{lnrd} \times \mathrm{lnhhi} + \beta_X \mathrm{lnX} + \beta_\psi \psi + \beta_\eta \eta + \beta_\gamma \gamma + \beta_\xi \xi + \varepsilon$$

在上述模型中，主要变量是中国工业企业的出口值 export、以 OP 方法衡量的企业全要素生产率 tfp、以间接标价方法标识的汇率 ex（即一单位人民币等于的外币数量。如果该指标变大，则意味着本币升值）、根据工业销售总产值计算的赫芬达指数 hhi（该指标可以近似衡量市场的竞争程度以及不同产品之间的替代弹性，这一指标是本章的重要指标）、企业的研发投入 rd（该指标衡量企业的创新决策变量），以及相关控制变量（X），还有部分企业特性指标，包括 η（企业所属行业变量，HS4 行业标准分类）、γ（企业所属国内区域变量，中东西部）、ξ（企业性质变量，国有、私营和外资）等。

计量模型需要重点说明：一是引入企业的 tfp 变量，因为它是企业出口竞争力的最重要的变量。除此之外，按照理论模型，衡量出口竞争力或边际成本的另一指标是工资水平。二是引入汇率变量，主要考察汇率波动对出口贸易值的传导效应，也进一步考察汇率波动与生产率之间的互动影响。另外，正如理论模型所阐述，企业生产率作为重要的调节变量，它会调节汇率波动对出口贸易值的传导效应，因此，本书的计量模型中会同时引入汇率变量和生产率变量。三是为了进一步考察汇率传导中的动态效应，即汇率波动对企业的创新行为产生的影响，进而企业的生产率变动可能也是内生的，因此在计量模型中引入了企业的 R&D 投入变量，以及影响 R&D 投入决策的另一重要变量——市场竞争程度指标 hhi。对这些变量的交叉效应分析，可以考察它们的共同作用或者单一变量发挥作用可能面临的约束条件。

二、变量说明

表 4. 1 是计量分析的重要变量说明。

表 4. 1　　主要变量及其说明

变量	被解释变量
export	企业的出口值
tfp	OP 方法衡量的企业全要素生产率
	主要解释变量
ex	间接法表示的汇率
tfp	OP 方法衡量的企业全要素生产率
R&D	企业的 R&D 投入资金
hhi	根据工业销售总值计算的赫芬达尔指数
	控制变量
age	企业年龄，控制企业层面规模经济效应
capital	企业劳均固定资产规模，控制企业层面的规模经济效应

续表

	控制变量
m	中间品投入
finance	企业融资约束衡量
wage	企业工资水平
im	进口国的进口总额
dis	出口国与进口国加权的距离
region	企业所属国内区域，0 为东部，1 为中部，2 为西部
xz	企业性质，0 为国有企业，1 为私营企业，2 为外资企业
hy（Industry）	行业虚拟变量，衡量行业差异

（1）export 是出口企业的出口值。

（2）tfp 是以 OP 方法衡量的企业的全要素生产率。实际中，影响企业出口竞争能力的重要因素之一就是企业的生产率水平。在异质性企业假设条件下，企业的生产率水平不一样，因而各自的出口竞争能力是不一样的。本书采用 OP（Olley - Pakes）方法计算了企业的全要素生产率，OP 方法的核心是企业的投资选择是企业全要素生产率（效率）的函数，如果企业的生产率较低，那么企业会选择减产或退出市场，此时投资也会相应减少，因此投资与生产率之间相关，而传统方法又要求在估计生产率时它们之间必须不相关，因此会导致估计偏误。

（3）ex 是企业的汇率，采用间接标价方法表示。该数据来自 IMF。

（4）为了考察汇率传导的动态效应，特别是对生产率影响的效应，本章引入企业的 R&D 变量和产品市场竞争替代性变量［采用赫芬达尔指数（Herfindahl - Hirschman Index，HHI），来近似表达产品替代程度］。根据理论模型，汇率变动在一定条件下会促进企业创新，进而提高企业的生产率。而企业的生产率变量实际是一个中介变量，它与企业的创新投入即 R&D 变量有关，不过企业的创新行为选择又是基于产品市场竞争程度的。因此，在计量分析中通过引入交叉变量（即 R&D 与 HHI 指数）来测度创新投入对出口企业生产率的影响。另外，不同行业的产品替代性不一样，进而不同行业的企业面对同一汇率冲击所做出的创新行为选择也可能不一样，因此也需要控制行业虚拟变量。

（5）为了控制规模经济可能对企业出口贸易值变动的影响，引入了进口国的进口总额变量“Im”。不同的进口市场规模，意味着每个企业获得的市场绝对量也会不同。较大的市场规模意味着每个企业可能获得较多的市场绝对量（不过，更大的市场规模也可能意味着更多的竞争性企业的存在）。

（6）规模经济的另一个源泉来自企业自身。企业规模经济，即更大规模的企业（更大规模本身也是生产率较高的一种体现），能够平摊进入成本。因为规模经济可以使得企业在较低的生产率水平下承担出口进入成本或研发成本，对市场进入产生显著影响。因此，在计量模型中，为了准确刻画各个变量的影响效应，要控制规模经济效应。我们可以采用企业的劳均固定资产变量（Capital）和企业的年龄变量（Age）来加以控制。引入企业年龄变量，可以从一个纵向角度来考虑它对企业出口市场进入的影响。一般而言，初级进入出口市场的企业相对于已经成功进入出口市场的企业而言，前者面临的困难相对大些，其承担的进入成本压力也会大些。从时间纵向来看，进入成本的分摊也可以体现在连续出口中，如果一个企业能够在同一市场连续出口，它就能有效地分摊进入成本。因此，引入企业年龄变量作为连续出口的替代变量也是对计量模型的重要改进。

（7）控制企业规模经济的另一个变量就是中间品投入变量（M），企业的生产、出口规模与中间投入品多少有很大的关系。因此，引入这一变量可以有效地降低它们对企业生产规模与出口的影响。同时，它还可以在一定程度上控制企业的加工贸易可能产生的影响。

（8）企业的工资水平和生产率变量合在一起可以考察企业的生产成本变化。另外，从时间角度而言，工资会逐年上涨，因而意味着企业的劳动力成本也在逐年上升，只有具有更高生产率的企业才能存活。当然，从国内来看，在理想假设下，所有企业面临的劳动者工资水平是一样的。不过在现实中，不同地区、不同行业的企业的工资水平还是会有差异。

（9）与进口国的距离可以在一定程度上度量贸易成本的大小。我们采用人口加权的距离方法进行度量。

（10）不同的行业、不同的企业性质（国有企业、外资企业）在进入出口市场时面临的障碍也是不一样的。通常外国政府会对出口企业进行一定的审查，特别是西方发达国家。

表 4.2 是部分变量的描述统计。

表 4.2　部分变量的描述性统计

变量	中文解释	Obs	Mean	标准偏差变量（Std. Dev.）	最小值（Min）	最大值（Max）
year	年份	1939361	2004	1.83	2001	2007
code1	企业代码	1939361	31526.57	20737.34	1	80607
origin1	进口国代码	1939361	88.45	61.47	1	203
tfp	OP 方法 TFP	1866030	3.49	1.05	-10.81	10.89
age	企业年龄（年）	1938625	10.08	10.77	0	60
capital	劳均固定资产净值（万元）	1938343	92.62	2058.14	0	1946101
xz	企业性质	1646639	1.67	0.51	0	2
region	区域代码	1939361	0.09	0.34	0	2
hy	行业代码	1939361	29.31	8.96	6	46
im	进口国总进口额（万元）	1887686	15800000	22200000	2770	104000000
dis	加权距离（公里）	1939106	7408.37	4148.78	1123.94	19110.13
ex	汇率	1710851	952.93	12328.51	0.00	182099.5
R&D	研发投入（万元）	1631369	4014.06	109947.00	-47894	7142497
export	出口值（万元）	1939361	776251.50	19900000	1	16800000000
labor	劳动数量（人）	1938343	690.28	2425.77	1	188151.1

注：余下表中的外文翻译同此表。

从表中可以看到所有企业的平均年龄为 10 年左右，相当部分企业的年龄在 7、8 年，大部分年龄长的企业为国有企业。从企业的区域代码均值来看其为 0.09，这表明绝大部分企业集中在东部（东部代码为 0）。而从企业的性质来看（0 为国有企业，1 为私营企业，2 为外资企业），该变量的均值为 1.67，可以看出在出口企业中，与外资关联的企业居多。从企业的劳动投入数量来看，单个企业的劳动投入均值为 690 人，按照大中小型企业划分标准，中型企业居多。

第三节 汇率波动的企业静态选择效应分析

一、中国与贸易国之间汇率波动情况

在本章分析的样本中，中国与近 203 个国家和地区有贸易往来。其中数据集公布了人民币对 98 个国家和地区在 2001 ~ 2007 年的汇率波动情况，其他国家和地区没有公布对人民币汇率的数据。图 4.2 是部分国家货

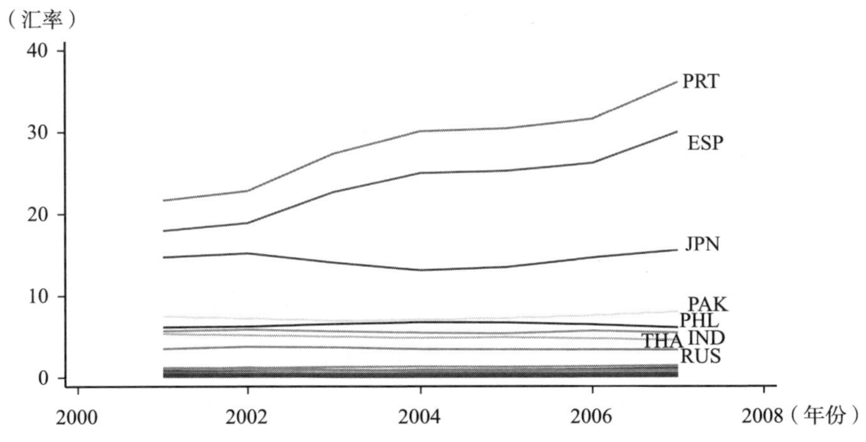

图 4.2 2001 ~ 2007 年人民币对部分国家和地区的汇率波动走势

资料来源：国际货币基金组织（IMF）数据库。

币与人民币之间汇率的变动趋势（没有展示全部数据），从图中可以看到少数国家的货币对人民汇率有较大幅度的变动，例如葡萄牙（PRT）、西班牙（ESP）和日本（JPN）等，不过由于不同货币和人民币之间换算比率的数量级不一样，该图不能完全反映出所有样本国家和地区的汇率波动情况。

图 4.3 给出了 2001 ~ 2007 年汇率的变化情况，其中人民币升值为 1，缺损值为 0，贬值为 -1，从图中密度结果来看，相当部分样本的汇率值缺损，不过，人民币升值的样本数量大于人民币贬值的样本数量。

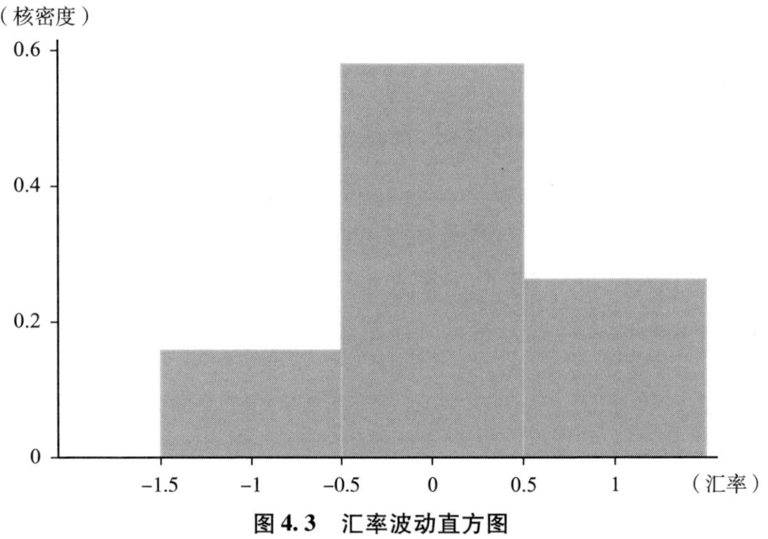

图 4.3 汇率波动直方图

注：人民币升值为 1，缺损值为 0，贬值为 -1。
资料来源：根据国际货币基金组织（IMF）数据库相关数据计算所得。

表 4.3 是 98 个国家或地区的汇率变动描述性统计，每个国家或地区的汇率变动区间为 7 年，其中，标准偏差变量最重要（Std. Dev.），它可以量度数据分布的分散程度，标准偏差越小，这些值偏离平均值就越少。

表 4.3　　2001～2007 年 98 个国家或地区的汇率变动描述性统计

代码（code）	地区	Obs	Mean	Std. Dev.	Min	Max
AFG	阿富汗	7	6.00	0.32	5.71	6.57
AGO	安哥拉	7	8.26	3.07	2.66	10.64
ARG	阿根廷	7	0.33	0.10	0.12	0.41
AUS	澳大利亚	7	0.18	0.03	0.16	0.23
AUT	奥地利	7	1.96	0.35	1.49	2.48
BEL	比利时	7	5.75	1.02	4.36	7.26
BEN	贝宁	7	93.45	16.53	70.92	118.01
BFA	布基纳法索	7	93.45	16.53	70.92	118.01
BGD	孟加拉国	7	7.64	0.90	6.74	9.05
BGR	保加利亚	7	0.21	0.03	0.19	0.26
BOL	玻利维亚	7	0.94	0.08	0.80	1.03
BRA	巴西	7	0.31	0.05	0.26	0.37
BRB	巴巴多斯	7	0.25	0.01	0.24	0.26
CAF	中非共和国	7	93.45	16.53	70.92	118.01
CAN	加拿大	7	0.16	0.02	0.14	0.19
CHE	瑞士	7	0.17	0.02	0.15	0.20
CHL	智利	7	74.47	7.08	66.63	83.64
CIV	科特迪瓦	7	93.45	16.53	70.92	118.01
CMR	喀麦隆	7	93.45	16.53	70.92	118.01
COG	刚果	7	93.45	16.53	70.92	118.01
COL	哥伦比亚	7	299.74	26.12	273.19	347.67
DEU	德国	7	0.28	0.05	0.21	0.35
DNK	丹麦	7	0.81	0.12	0.72	1.01
DOM	多米尼加共和国	7	3.63	1.11	2.05	5.09
DZA	阿尔及利亚	7	9.17	0.30	8.71	9.63
ECU	厄瓜多尔	6	3044.67	46.09	3020.39	3135.41

续表

代码(code)	地区	Obs	Mean	Std. Dev.	Min	Max
EGY	埃及	7	0.66	0.11	0.48	0.75
ESP	西班牙	7	23.70	4.19	17.99	29.93
ETH	埃塞俄比亚	7	1.07	0.05	1.02	1.18
FIN	芬兰	7	0.85	0.15	0.64	1.07
FJI	斐济	7	0.08	0.01	0.07	0.09
FRA	法国	7	0.93	0.17	0.71	1.18
GAB	加蓬	7	93.45	16.53	70.92	118.01
GBR	英国	7	0.07	0.01	0.07	0.08
GHA	加纳	7	0.11	0.01	0.09	0.12
GIN	几内亚	7	93.45	16.53	70.92	118.01
GTM	危地马拉	7	0.96	0.02	0.93	1.01
HKG	中国香港	7	0.96	0.03	0.94	1.03
HTI	海地	7	4.44	0.85	2.95	5.12
HUN	匈牙利	7	27.46	3.99	24.14	34.61
IDN	印度尼西亚	7	1146.44	70.55	1037.56	1239.78
IND	印度	7	5.60	0.17	5.38	5.87
IRN	伊朗	7	934.46	341.55	211.92	1220.00
ISR	以色列	7	0.55	0.02	0.51	0.57
ITA	意大利	7	275.83	48.80	209.33	348.35
JAM	牙买加	7	7.26	1.25	5.57	9.08
JPN	日本	7	14.36	0.88	13.08	15.49
KEN	肯尼亚	7	9.27	0.27	8.85	9.57
KOR	韩国	7	136.62	14.56	119.75	155.97
KWT	科威特	7	0.04	0.00	0.04	0.04
LBN	黎巴嫩	7	185.67	6.06	182.13	198.16
LBR	利比里亚	7	7.06	0.69	5.87	8.05

续表

代码（code）	地区	Obs	Mean	Std. Dev.	Min	Max
LBY	利比亚	7	0.15	0.03	0.07	0.17
LKA	斯里兰卡	7	12.30	1.21	10.80	14.54
MAR	摩洛哥	7	1.17	0.13	1.07	1.37
MDG	马达加斯加岛	7	93.45	16.53	70.92	118.01
MEX	墨西哥	7	1.30	0.11	1.13	1.44
MMR	缅甸	7	0.75	0.04	0.70	0.82
MRT	毛里塔尼亚	7	32.22	1.45	30.00	33.99
MUS	毛里求斯	7	3.65	0.30	3.32	4.12
MWI	马拉维	7	13.26	3.67	8.72	18.40
MYS	马来西亚	7	0.46	0.00	0.45	0.46
NER	尼日尔	7	93.45	16.53	70.92	118.01
NGA	尼日利亚	7	15.48	1.09	13.44	16.54
NLD	荷兰	7	0.31	0.06	0.24	0.40
NOR	挪威	7	0.87	0.12	0.77	1.09
NPL	尼泊尔	7	9.02	0.25	8.71	9.41
NZL	新西兰	7	0.21	0.04	0.17	0.29
PAK	巴基斯坦	7	7.36	0.35	6.98	7.98
PAN	巴拿马	7	0.12	0.00	0.12	0.13
PER	秘鲁	7	0.42	0.01	0.40	0.42
PHL	菲律宾	7	6.42	0.28	6.07	6.77
PNG	新几内亚	7	0.41	0.03	0.38	0.47
POL	波兰	7	0.44	0.05	0.36	0.49
PRT	葡萄牙	7	28.56	5.05	21.67	36.07
RUS	俄罗斯联邦	7	3.53	0.16	3.36	3.79
SAU	沙特阿拉伯	7	0.46	0.01	0.45	0.49
SDN	苏丹	7	0.30	0.02	0.27	0.32

续表

代码（code）	地区	Obs	Mean	Std. Dev.	Min	Max
SEN	塞内加尔	7	93.45	16.53	70.92	118.01
SGP	新加坡	7	0.21	0.01	0.20	0.22
SLE	塞拉利昂	7	317.16	59.27	239.96	392.40
SLV	萨尔瓦多	7	1.08	0.04	1.06	1.15
SUR	苏里南	7	0.32	0.03	0.26	0.36
SWE	瑞典	7	1.00	0.15	0.89	1.25
SYR	阿拉伯叙利亚共和国	7	1.38	0.05	1.36	1.48
TCD	乍得	7	93.45	16.53	70.92	118.01
TGO	多哥	7	93.45	16.53	70.92	118.01
THA	泰国	7	4.95	0.28	4.54	5.37
TUN	突尼斯	7	0.16	0.01	0.15	0.17
TUR	土耳其	7	97676.50	92055.87	0.16	182099.50
TWN	中国台湾	7	0.00	0.00	0.00	0.00
TZA	坦桑尼亚	7	134.02	20.77	105.88	163.66
UGA	乌干达	7	222.69	8.78	212.11	237.25
URY	乌拉圭	7	2877.87	633.74	1609.16	3467.97
USA	美国	7	0.12	0.00	0.12	0.13
WEN	委内瑞拉	7	208.63	72.27	87.49	282.06
ZAF	南非	7	0.94	0.17	0.78	1.27
ZMB	赞比亚	7	0.52	0.06	0.44	0.58

资料来源：本书计算所得。

从表中结果可以看出：贝宁（Benin）、中非（Central African Republic）、哥伦比亚（Colombia）、厄瓜多尔（Ecuador）、印度尼西亚（Indonesia）、伊朗（Iran）、意大利（Italy）、韩国（Korea）、塞拉利昂（Sierra Leone）、土耳其（Turkey）、委内瑞拉（Venezuela）、乌拉圭（Uruguay）

等发展中国家的汇率变动比较大，其标准偏差大于“16.53”。而人民币对发达国家的汇率变化则相对较小。

图4.4是2001～2007年的人民币对部分发达国家（主要是欧洲国家）或地区的货币的汇率，可以看到在2002年以前人民币对这些国家或地区的汇率波动较大，在2002～2006年又趋于较稳定，但是从2006年开始，人民币开始升值，一单位人民币等于更多的外币。当然，也有部分货币，人民币是相对其贬值的。即使是在2006年、2007年相对于丹麦、挪威等国货币，人民币也有一定贬值趋势。

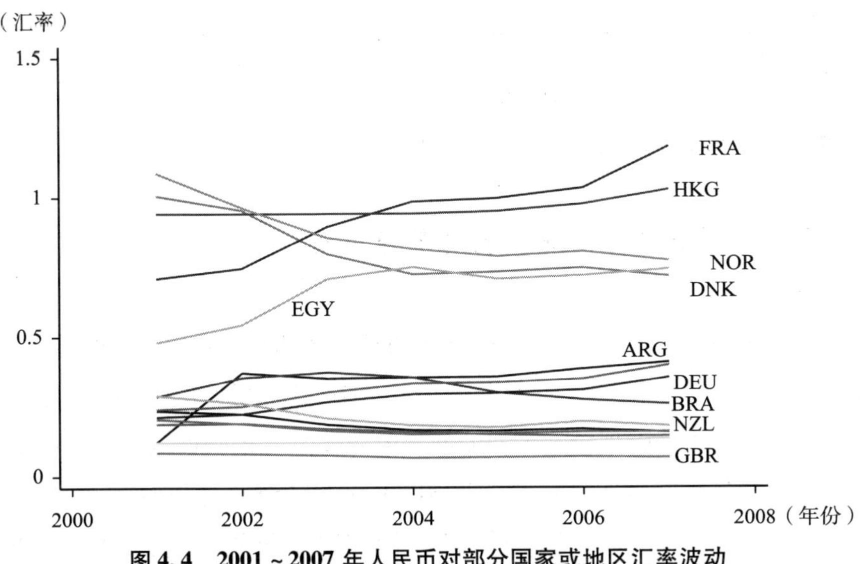

图4.4　2001～2007年人民币对部分国家或地区汇率波动

资料来源：国际货币基金组织（IMF）数据库。

图4.5是2001～2007年人民币对美元的汇率波动情况，从图中可以看到在2001～2004年，人民币对美元的汇率基本没有变化，但是从2005年开始，人民币相对美元不断升值，且升值幅度逐年提高。对于法国、德国等欧洲贸易伙伴而言，人民币汇率在这一阶段也是逐年上升的。

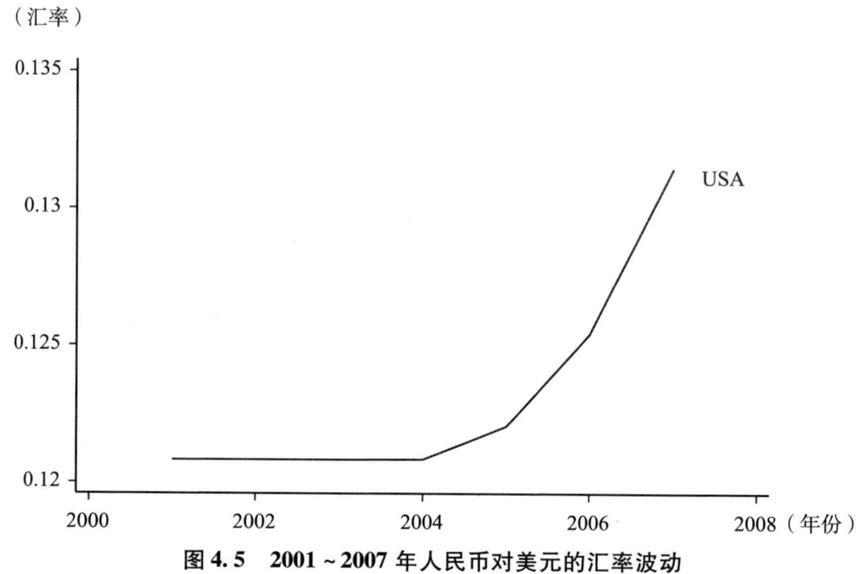

图 4.5　2001～2007 年人民币对美元的汇率波动

资料来源：国际货币基金组织（IMF）数据库。

二、人民币汇率升值的选择效应分析

在这一小节，重点考察人民币升值的选择效应，将分析人民币升值对出口企业的收益变化、生产率变化及生产率分布可能产生的静态选择效应。为了能够更清晰地展示汇率波动产生的效应，我们重点分析人民币对美元升值的效应（企业样本数量为 44199 家，数量也是很庞大）。之所以这样处理的一个重要原因是如果将多个国家的数据放在一起分析，由于出口地特征，不能很清晰地通过图示方法展示选择效应，虽然选择一个样本国家会损失部分信息，但是由于中美之间贸易量巨大，并且中国出口到美国的企业众多，两国贸易关系紧密，所以选取其作为本小节的分析样本具有典型性。后面的计量分析，我们将纳入更多的样本国家。

表 4.4 和表 4.5 以 2005 年为时间界限做了一个区分，因为在 2001～2004 年人民币对美元汇率是不变的，但是在 2005～2007 年，人民币汇率是不断上升的。这种区分有助于我们辨析出口国货币升值可能产生的

系列影响。

表 4.4　　2001～2004 分年度出口到美国的中国企业描述性统计

年份	变量	Obs	Mean	Std. Dev.	Min	Max
2001	tfp_op	7058	2.975	1.104	-10.512	7.452
	xz	6222	1.81	0.53	0	2
	region	7304	0.10	0.37	0	2
	hy	7304	30.22	9.20	6	44
	ex	7304	0.1208	0.0000	0.1208	0.1208
	rd	7304	871	26886	-6377	2091574
	export	7304	2639192	1.44E+07	3	7.07E+08
2002	tfp_op	8805	3.114	1.108	-7.992	8.111
	xz	7768	1.78	0.52	0	2
	region	9174	0.10	0.37	0	2
	hy	9174	29.73	9.35	6	45
	ex	9174	0.1208	0.0000	0.1208	0.1208
	rd	9174	878	32783	0	3055750
	export	9174	2514167	2.23E+07	2	1.38E+09
2003	tfp_op	10911	3.221	1.091	-7.135	9.671
	xz	9607	1.75	0.51	0	2
	region	11277	0.10	0.37	0	2
	hy	11277	29.15	9.10	6	44
	ex	11277	0.1208	0.0000	0.1208	0.1208
	rd	11277	926	31360	0	3178849
	export	11277	2971329	2.93E+07	2	1.66E+09
2004	tfp_op	16781	3.238	1.093	-6.508	7.854
	xz	15411	1.73	0.49	0	2
	region	17756	0.09	0.36	0	2
	hy	17756	29.09	9.03	6	46

续表

年份	变量	Obs	Mean	Std. Dev.	Min	Max
2004	ex	17756	0. 1208	0. 0000	0. 1208	0. 1208
	rd	0				
	export	17756	2677755	2. 12E +07	3	1. 78E +09

资料来源：本书计算所得。

表 4. 5　　2005 ~2007 分年度出口到美国的中国企业描述性统计

年份	变量	Obs	Mean	Std. Dev.	Min	Max
2005	tfp_op	17886	3. 409	1. 076	-7. 844	8. 886
	xz	16401	1. 72	0. 48	0	2
	region	18763	0. 09	0. 35	0	2
	hy	18763	28. 49	9. 15	6	44
	ex	18763	0. 122036	0	0. 122036	0. 122036
	rd	18763	1273	37325	0	4462581
	export	18763	3105093	3. 10E +07	2	2. 93E +09
2006	tfp_op	21673	3. 540	1. 045	-9. 736	8. 533
	xz	19829	1. 66	0. 50	0	2
	region	22611	0. 09	0. 35	0	2
	hy	22611	28. 61	9. 10	7	44
	ex	22611	0. 1254	0. 0000	0. 1254	0. 1254
	rd	22611	1432	43476	-501	5832741
	export	22611	3228202	4. 11E +07	1	3. 45E +09
2007	tfp_op	23198	3. 646	1. 028	-7. 498	8. 360
	xz	21275	1. 65	0. 50	0	2
	region	24288	0. 09	0. 35	0	2
	hy	24288	28. 84	9. 03	6	44
	ex	24288	0. 1314	0. 0000	0. 1314	0. 1314

续表

年份	变量	Obs	Mean	Std. Dev.	Min	Max
2007	rd	24288	1938	56485	-47894	7142497
	export	24288	3270744	3.24E+07	1	3.47E+09

资料来源：本书计算所得。

可以发现：2001～2007年，企业的TFP均值是逐年上升的，从2001年的2.975、2002年的3.114、2003年的3.221、2004年的3.238，到2005年的3.409、2006年的3.54、2006年的3.646。最重要的是2004～2005年，企业的平均TFP提升幅度较大，为0.171，2005～2006年为0.131、2006～2007年为0.106。它的变动具有两个特征，一是尽管在汇率升值之前，企业的TFP有逐年上升趋势（年均增长0.11），但是在人民币开始升值之后，TFP上升速度加快。这表明汇率冲击对企业的TFP增长有推进作用。人民币汇率传导机制之一就是推进企业的生产率提升，它与理论模型预期是一致的。二是人民币升值带来的冲击在逐年递减，即TFP增长的幅度从2005～2007年开始逐年下降。这表明在汇率陡然上升阶段，企业通过生产率调整来应对人民币升值带来的冲击。随着形成良好的升值预期，企业通过经营决策调整能够更好地适应人民币升值变动，此时利用生产率变动作为汇率波动冲击的调节作用开始逐年减弱。

另外一个特征，就是人民币升值后，异质性企业的TFP的标准偏差缩小明显，2001年的标准偏差为1.104、2002年为1.108、2003年为1.091、2004年为1.093，但是从2005年开始，其陡然下降到1.076，2006年的1.045，2007年的1.028。而在这一过程中，TFP的均值是在提升的，这表明TFP的分布在人民币升值之后发生了很大变化，其TFP水平分布整体有了提高。这也印证了理论模型中提出的人民币升值将促使异质性企业的生产率水平分布发生变化的推论，因此出口国货币升值对出口企业的选择效应是成立的。

图4.6是全样本（80607个企业，它们分别出口到203个国家和地区）的TFP年均变化（tfpg）分布的直方图（去掉0.5%的极端数值样本），从图中可以看到，TFP增长大于零的出口企业密度超过了TFP增长小于零的出口企业密度，而在2005年及其后，人民币对大部分货币是升值的，因此这也可能从另一个角度论证人民币升值提升了企业的TFP增长，改变了其分布。

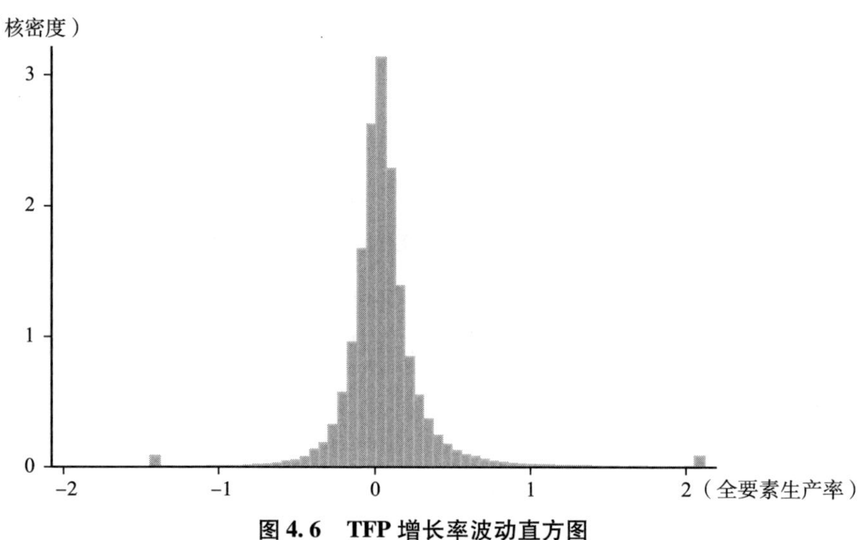

图4.6　TFP增长率波动直方图

资料来源：根据中国工业企业数据库相关数据计算所得。

图4.7和图4.8分别是2001年和2007年异质性企业的TFP与出口值之间的散点图和拟合趋势线，分别去掉0.01%的极端样本点。首先，从纵向看，相比2001年，2007年的TFP指标散点分布在纵向维度上有一定地提升，其整体水平高于2001年。从横向看，2007年的出口值散点分布也整体高于2001年。两个图形都表明，TFP与出口值之间呈现正向关系，即TFP水平提升能够促进出口值的增加。

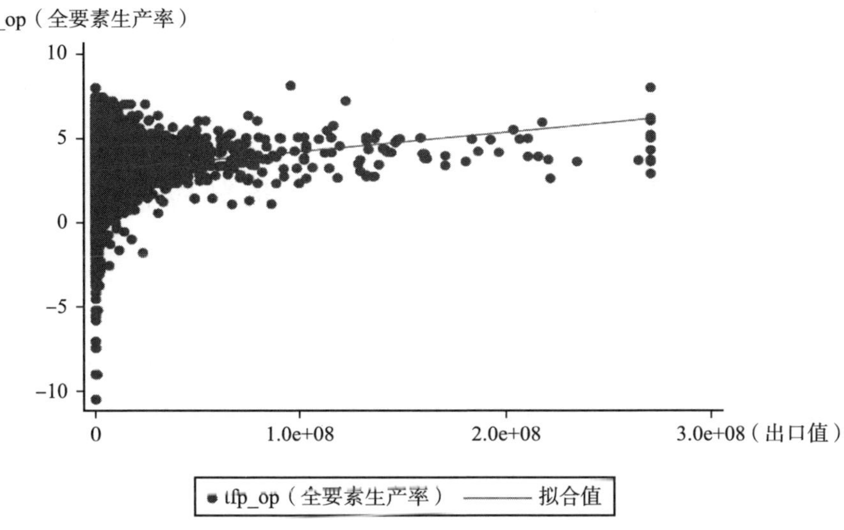

图 4.7　2001 年工业企业 tfp-op 与出口值的散点图

资料来源：根据中国工业企业数据库及海关数据库相关数据计算所得。

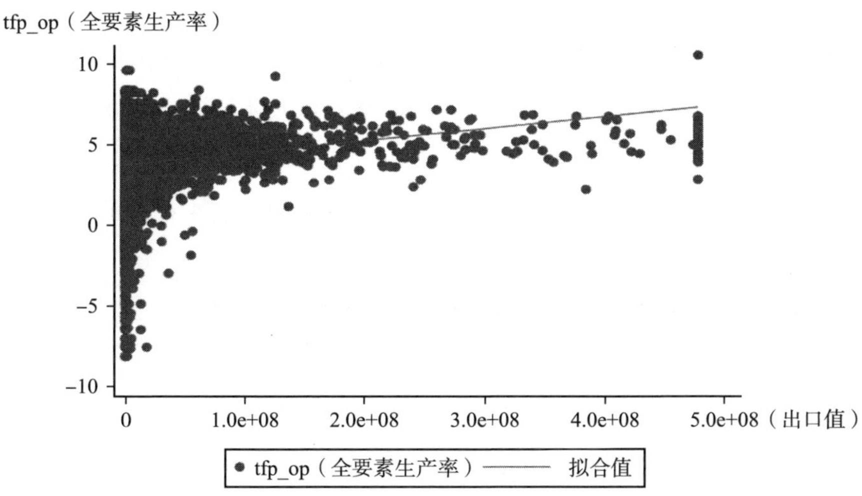

图 4.8　2007 年工业企业 tfp-op 与出口值的散点图

资料来源：根据中国工业企业数据库及海关数据库相关数据计算所得。

综合前面分析，可得出两个正向关系，即人民币升值对 TFP 提升的正向关系，TFP 增长与企业出口增长之间的正向关系。为了进一步考察和检验其中的动态关系，需要做进一步的计量分析。

第四节 汇率波动的动态倒逼效应分析

为了考察异质性企业的 TFP 在汇率波动对出口贸易传导中的作用以及三者之间的动态关系，本小节通过计量模型做进一步分析。在计量模型中，我们将控制更多的变量（企业年龄、企业劳均固定资产投入、企业的中间投入量、工资水平、进口国的进口需求量变动等），使得主要变量的分析结果更为准确。

首先，我们做全样本的计量分析。第一步是选择合适的计量模型，即进行固定效应（模型 1）与随机效应（模型 2）的 Hausman 检验，结果显示卡方等于 6448. 21，因而，更优的模型是固定效应模型。当我们选择固定效应模型之后，由于不同地区（region）、出口国与进口国加权的距离（Dis，它与 region 变量在性质上有一定重叠）以及不同行业等虚拟变量本身会体现出企业的一些样本特性，因此，固定效应模型会弱化这些虚拟变量，并使得其部分变量回归结果省略去。具体情况如表 4. 6 所示。

表 4. 6 异质性企业生产率在汇率传导机制中的调节作用检验

自变量	lnexport (1) fe	lnexport (2) re	lnexport (3) fe	lnexport (4) fe	lnexport (5) fe	lnexport (6) fe
lntfp	0. 123 (0)	0. 101 (0)	0. 123 (0)		0. 123 (0)	0. 133 (0)
lnex				0. 0053 (0)	0. 005 (0)	0. 024 (0)

续表

自变量	lnexport (1) fe	lnexport (2) re	lnexport (3) fe	lnexport (4) fe	lnexport (5) fe	lnexport (6) fe
lnexlntfp						-0.015 (0)
age	0.001 (0)	-0.000 (0.02)	0.001 (0)	0.0006 (0)	0.001 (0)	0.0008 (0)
lncapital	-0.01 (0)	-0.016 (0)	-0.01 (0)	-0.014 (0)	-0.011 (0)	-0.01 (0)
lnm	0.375 (0)	0.372 (0)	0.381 (0)	0.391 (0)	0.381 (0)	0.381 (0)
lnfinance	0.03 (0.06)	0.092 (0)	0.028 (0.10)	0.037 (0.02)	0.028 (0.183)	0.028 (0.10)
lnwage	0.054 (0)	0.066 (0)	0.051 (0)	0.060 (0)	0.051 (0)	0.051 (0)
lndis	omitted	-0.134 (0)	omitted	omitted	omitted	omitted
lnim	0.798 (0)	0.325 (0)	0.843 (0)	0.860 (0)	0.847 (0)	0.848 (0)
xz1	0.031 (0.553)	0.079 (0)	0.022 (0.68)	0.020 (0.68)	0.022 (0.69)	0.022 (0)
xz2	0.069 (0.18)	0.114 (0)	0.070 (0.20)	0.054 (0.28)	0.070 (0.20)	0.69 (0)
region1	-0.341 (0.37)	0.146 (0)	-0.332 (0.39)	-0.342 (0.38)	-0.334 (0.38)	-0.33 (0)
region2	omitted	0.116 (0)	omitted	omitted	omitted	omitted
常数项	-15.08 (0)	-2.306 (0)	-14.376 (0)	-15.106 (0)	-14.470 (0)	-14.524 (0)
ngrou	741777	741777	637540	655984	637540	637540
R 平方	0.061	0.056	0.062	0.061	0.062	0.062

从表 4.6 的回归结果中发现：

首先：（1）全要素生产率（tfp 变量）对出口值有正向作用，即企业的 TFP 提升 1%，则该企业的出口值会增加 0.123%。（2）同时企业的年龄（age 变量）对出口值有正向作用，这表明企业成立更早或规模更大的企业，在同等生产率条件下，也能促进出口。其可能承担更大的风险，或具有较高知名度，也愿意走入出口市场。另外，引入企业年龄或时间维度变量的主要原因是，从 2001 年开始我国加入了 WTO，各个 WTO 成员方向我国企业开放了贸易市场，这对中国企业出口是极大的利好消息，并且随着时间进展，开放领域在逐步扩展。大多数出口企业保持了出口连续性，因此我们引入企业年龄变量的另一个意图就是因为它也呈现了加入 WTO 因素带来的影响。（3）企业的劳动拥有的人均固定资本量（capital 变量）对出口值具有负向作用（“-0.01”），其原因来自两方面，一方面是出口企业中有部分是贸易与工业生产混合企业，其贸易比例较大，意味着其贸易专业化程度较高，按照分工理论，其出口值会更大，它具有“轻资产特征”。另一方面，我国的出口以轻工业产品出口为主要特征，其具有劳动密集型特征，因而资本相对劳动投入薄弱，这部分产品在国际市场具有较强的竞争力。因而，企业的劳均固定资产越少，其出口值相对更大。（4）中间投入（m 变量）其回归系数为“0.375”，一方面反映了企业加工生产特征，如果该比例越大，其加工生产特征越显著，因而其最终品的产值也相对越高；另一方面，很多加工贸易企业也大规模进口中间投入品，并大规模出口，具有“大进大出”特征，因此，该变量越高，出口值也会越大。（5）进口国进口总额（im 变量）也反映了市场规模效应，显然，如果该进口国的进口总量越大，那么在企业数量不变的条件下，每个企业的出口值也会相对更高些，回归结果显示该系数为“0.798”。不过这种进口国市场规模效应也有时间成分，一般而言，一国进口量会随着时间而增长，如果考虑这一趋势因素，那么该变量的影响效应会低些。（6）企业融资支持变量（finance 变量）会对出口值有正向效应，系数为“0.03”。(7) 企业的工资变量（wage 变量）对出口值具有正向效应，回归系数为“0.054”。在理论模型中，假定出口国的企业面对同样的工资水平，但是在实际中每个企业投入的劳动者的人力资本水平不一样。因此，可以采用工资水平这一变量衡量人力资本水平，该变量为正向效应，表示劳动者的人力资本水平越高，企业的出口值越大。(8) 在引入行业（industry）、企业类型（xz，国有、私营和外资企业类型）和地区（region，中东西部）变量之后，发现除了行业虚拟变量显著外，企业类型和地区虚拟变量不显著，这表明不同行业的出口行为还是存在很大差异的，但是不同企业类型以及不同地区的企业出口行为的差异并不大。

其次，我们删去了汇率变量有缺失值的样本，其固定效应模型的结果如模型 3 所示，回归结果基本稳健。

再次，我们在模型 4、模型 5 和模型 6 中引入本章的第二个重要变量—汇率变量（ex）。(1) 模型 4 中单独引入了汇率变量，回归结果显示，它与出口值呈现出正向关系（回归系数为“0.0053”），但是显著性不是很高，t 统计量为 2.82。Ex 变量的表达是一单位本币（即人民币）换算的外币数量，它的提升意味着人民币升值，可见人民币升值将促使出口收益提升。(2) 在模型 5 中，同时引入全要素生产率（tfp 变量）后，汇率变量的回归结果无太大变化。(3) 为了进一步分析两者的交互作用，在模型 6 中引入汇率变量与 TFP 变量的交互项，结果显示大大提高了关键变量的显著度，包括 ex 汇率变量的显著度（t 统计量提升到 7.23），交叉项的回归结果的显著性也很强，其 t 统计量为“-6.78”。更重要的是回归结果表明，引入 TFP 调节变量时，交叉项的回归结果为负数，即“-0.015”，表明它会降低汇率波动对出口值的影响，而且 TFP 越高的企业，其使得一定汇率对出口值的影响弱化更大。这也进一步证实了理论模型推论，即异质性企业的生产率变量是调节汇率波动对贸易冲击影响的重要变量，这一调节作用使得汇率传导具有不完全性。

最后，为了进一步考察汇率波动与生产率之间的互动，我们进一步引入两个重要变量，一个是企业的研究开发支出 R&D，另一个是衡量产品竞争程度的重要指标赫芬达尔指数 HHI。因为根据理论模型的推论，汇率冲击还可能对出口企业的生产率变动产生重要影响，其前提条件是要考虑产品的竞争替代程度以及企业开展研发的激励。理论推导显示，在出口产品具有高度替代性时，企业为了稳住出口地位，当面临不利的汇率冲击时，它会加大创新力度，并提高企业的生产率。依据这一理论模型推论，本章进行相关的实证检验，其结果如表 4.7 所示：

表 4.7　　人民币升值对异质性企业生产率的反向作用检验

自变量	lntfp (7) fe	lntfp (8) fe	lntfp (9) fe	lntfp (10) fe	lnexport (11) fe	lnexport (12) fe	lnexport (13) fe
lnex	0.0016 (0)	0.0069 (0)		0.002 (0)	0.016 (0)		0.0007 (0.89)
lnhhi		-0.007 (0)	-0.028 (0)	-0.027 (0)	-0.0006 (0.834)	-0.024 (0.15)	-0.015 (0.40)
lnrd			0.022 (0)	0.021 (0)		0.041 (0)	0.037 (0)
lnex × lnhhi		0.0009 (0)			0.002 (0)		
lnrd × lnhhi			0.0029 (0)	0.0028 (0)		0.007 (0)	0.006 (0.01)
age	0.0002 (0)	0.0003 (0)	0.0005 (0)	0.0005 (0)	0.0006 (0)	0.0002 (0.70)	0.0000 (0.92)
lncapital	-0.017 (0)	-0.020 (0)	-0.017 (0)	-0.017 (0)	-0.014 (0)	-0.006 (0.55)	-0.006 (0.56)
lnm	0.070 (0)				0.390 (0)	0.463 (0)	0.473 (0)

续表

自变量	lntfp（7）fe	lntfp（8）fe	lntfp（9）fe	lntfp（10）fe	lnexport（11）fe	lnexport（12）fe	lnexport（13）fe
lnfinance	0.034 （0）				0.037 （0.02）	-0.109 （0）	-0.141 （0.05）
lnwage	0.098 （0）	0.112 （0）	0.001 （0）	0.114 （0）	0.060 （0）	0.090 （0）	0.087 （0）
lnim	0.106 （0）	0.172 （0）	0.114 （0）	0.123 （0）	0.861 （0）	0.913 （0）	0.997 （0）
xz1	-0.018 （0.06）	-0.016 （0.10）	-0.085 （0）	-0.081 （0）	0.020 （0.68）	0.018 （0.83）	-0.031 （0.74）
xz2	-0.034 （0）	-0.027 （0）	-0.048 （0）	-0.045 （0）	0.054 （0.28）	-0.03 （0.72）	-0.055 （0.54）
region1	-0.180 （0）	-0.158 （0.02）	-0.136 （0）	-0.129 （0.07）	-0.349 （0.37）	-0.222 （0.66）	-0.176 （0.73）
常数项	-1.846 （0）	-2.864 （0）	-1.298 （0）	-0.1566 （0）	-15.172 （0）	-18.352 （0）	-20.615 （0）
ngrou	637540	637787	169841	144575	655984	174412	148577
R 平方	0.129	0.109	0.144	0.145	0.061	0.079	0.081

（1）在模型 7 中，人民币升值与企业的 TFP 增长之间呈现出正向关系，其回归系数为“0.0016”，这表明人民币升值能够促进企业的 TFP 提升；（2）模型 8、模型 9 和模型 10 进一步考察这种促进作用所需的条件，从汇率波动与产品竞争替代性指标 HHI 的交叉汇率结果（0.0009）来看，产品竞争程度提升，有助于增强汇率波动对 TFP 的反作用；在模型 9 中，采用 R&D 变量替换了汇率变量 ex，回归交叉项系数为正，其结果也证实产品竞争程度提升有助于企业提升生产率。在模型 10 中，同时引入了汇率变量 ex、企业研发支出 rd 和产品竞争替代程度变量 hhi，回归结果依然稳健。（3）模型 11、模型 12 和模型 13 将因变量替换为出口贸易变量，

可以看到汇率以及研发以及竞争程度指标三者对出口值的作用方向与对TFP作用的方向是一致的，没有变化。这表明这三个基本因素联合作用有助于提升企业的TFP和出口贸易值，它们对TFP以及对出口贸易值的作用传递关系是前后一致的。

第五节 小 结

本章构建了一个汇率传导的微观企业传导模型，考察了汇率波动对企业的重要收益变量的影响，以及企业可能做出的反应调整及约束条件。研究的实证部分利用中国工业企业与海关贸易统计的匹配数据进行了模型推论的检验和分析，采用了近8万个工业企业的样本，时间跨度为2001～2007年。经理论与实证分析，可得到如下基本结论：

（1）从理论模型推论来看，当控制企业外生的生产率不变时，面对出口国的货币升值（如中国为出口国，则为人民币升值），出口企业的成本上升，而基于边际成本定价的最优定价决策会要求企业提升出口价格，这会削弱出口产品的竞争力。因此，整体而言，出口企业的净收益会下降。另外，更为重要的是，在异质性企业模型中，出口市场的进入成本（一种固定成本）实际发挥着一种选择机制的作用，它将迫使那些低生产率企业退出出口市场，从而在整体上改变整个出口企业的生产率分布，或者提升所有出口企业的整体效率。另外，模型还引入了企业的研发变量，考察了汇率波动对企业研发决策调整的影响。模型推论显示，在较大的产品替代性的条件下，出口国的货币升值会促使高效率企业加大研发，通过改进生产率来提高市场竞争力，并抵消汇率的不利冲击，而低效率企业陷于“研发亏损、不研发无竞争力”的两难境地，并最终退出出口市场。总结而言，本章的理论模型论证了汇率波动存在通过静态的选择效应和动态的生产率提升倒逼效应改进竞争力并促进出口转型的可能性。

（2）计量模型也论证了人民币升值与企业生产率以及出口值增长之间的正向关系。实证结果显示人民币升值与出口值增长的回归系数为“0.024”，两者具有显著的正向关系。企业生产率变动是汇率对出口贸易传导机制中的重要调节变量，这一调节作用也使得汇率传导具有不完全性。在引入汇率变化与TFP变量的交叉项的回归模型中，计量结果显示，交叉项系数为“-0.015”，那么完整的汇率波动变量对出口增加值的影响效应就会降低，即“lnex”和“lnexlntfp”的系数之和相对于“lnex”的系数就会降低。并且TFP越高的企业，其对人民币升值效应的弱化程度越大，这也进一步证实了理论模型的推论，即异质性企业的生产率变量是调节汇率波动对贸易冲击影响的重要变量，这一调节作用使得汇率传导具有不完全性。

（3）研究的实证结果还显示人民币升值对企业的生产率变动存在着显著的作用，即企业生产率在汇率变动条件下是内生的，在引入反映产品竞争替代性指标“HHI”的条件下，发现在较强的产品竞争替代性时，人民币升值通过动态竞争效应会激励企业通过研发提升企业生产率，进而提高产品出口值，竞争替代性与人民币升值变量对出口增长的交叉效应是正值。因而产品竞争替代性也是调节汇率传导机制的重要变量之一。

从本章的研究中可以发现，在全球经济越来越紧密的大趋势下，贸易竞争也越来激烈。但是人民币汇率的升值并没有导致我国的出口下滑，且企业的生产率在不断提升，这表明汇率波动对企业的影响并不是被动的。传统的理论忽视了企业的主动性。事实上，企业会通过增加研发投入等方式积极提升生产率来应对汇率的不利冲击。因此，我们可以预见在人民币双向波动的条件下，出口企业也必然会不断进行经营调整，适应其汇率的双向变动。进而，我国实现人民币汇率市场化并不意味着对出口贸易的不利冲击会变大。相反，它有可能促使企业积极进行调整，通过改进生产率、出口产品质量的方式来适应市场，因而可以认为汇率波动具有促进贸易转型升级的功能。

第五章

竞争性出口市场中的非对称货币政策传导效应研究

这一章将重点探讨竞争性出口市场中的非对称国际货币政策对利率、汇率以及贸易的长链条传导机制。正如 2008 ~ 2009 年金融危机显示：各国的经济发展状况及相关宏观经济政策会通过国际贸易、国际金融市场活动传导到其他国家。国际间的货币政策差异会对利率、汇率、贸易量及贸易份额产生连锁影响。本章的理论模型和实证分析将把国际金融理论与国际贸易理论联系起来，更为全面地考察汇率传导机制。最重要的关键点是理论模型和计量模型将把影响贸易竞争力的结构性因素（各个出口国家的劳动力成本、生产率、人力资本以及与贸易伙伴关系的强弱等）与货币政策效应分离出来，更好地考察当前国际经济联系日益紧密情形下的贸易增长变动原因，准确地评估国际间宏观政策对汇率传导及贸易的影响，为政策协调和应对措施的制定提供理论依据。

分析表明，在一个竞争性的贸易市场（美国进口市场），不同国家对美国的出口收入份额不仅取决于各自的相对工资水平（衡量相对成本高低和贸易竞争力的一个重要变量）、相对生产率水平（衡量贸易竞争力的一个重要变量）、相对人力资本水平以及贸易联系程度等基本面因素，也取决于非对称货币政策决定的相对利率变动及其相关联的长期汇率变化，最终影响各国对美国的出口收入相对份额。理论部分将凯恩斯的货币需求理论与国际金融中的利率对汇率的传导理论（抵补套利理论或利率平价理论）结合起来，形成货币政策对利率、对汇率以及对竞争性贸易的影响路径。其中，研究将重点分解美国量化宽松政策（尤其是在其他国家的货币政策未做调整的情形下），即大量增加的货币供给对利率、对通胀、对有效需求以及对汇率可能产生的影响，最后在竞争性贸易框架中综合评估它们对各国出口相对收入的影响。实证部分将利用 41 个国家在 2000 ~ 2014 年对美国出口的数据来分析上述从货币政策到利率变化、再到汇率变化以及到贸易变动的长传导机制的存在性。并从两个阶段（从利率到汇率的影响、再从汇率到进出口价格以及贸易的影响），两个层面（一般贸易和加工贸易）来解析这种多元贸易主体之间的汇率传导机制。本章的研究结论可以为我国探究在汇率制度改革与资本市场开放改革下的货币政策影响效应的分析提供一定启示。

第一节　货币政策国际溢出效应的回顾

一、货币政策溢出的作用机制

贸易伙伴国之间的货币政策变化会对贸易量变化产生复杂的作用关系。其至少体现在三个方面：第一，货币政策的溢出效应与多元贸易主体（至少三个贸易主体，其中是一个进口国，两个出口国）之间的关系性质有关。如果是竞争性贸易关系，那么货币政策对贸易的影响还取决于其他贸易竞争力变量的影响。举例说明，考虑 2008 ~ 2009 年美国量化宽松货币政策对其他国家向美国出口收入的影响。一般推论认为，美国的利率大幅度下降，如果其他国家的利率不变，那么其他国家货币升值，而美元贬值，其他国家向美国的出口将下降。但是这一逻辑可能不对：因为它没有区分对不同国家的影响，没有考虑到美国进口产品的特性。如果不同国家出口到美国的同一产品具有竞争性，那么这些国家在美国开展的是竞争性贸易，而出口收益的变化不仅要考虑汇率因素影响，还要考虑到实体经济或实际生产的竞争力，例如各个出口国家的劳动力成本、生产率、人力资本以及与美国的贸易关系的强弱等，这些属于基本面因素。不同贸易主体在美国这一出口市场的关系变得更为复杂，除了进出口贸易伙伴的关系之外，在全球贸易竞争格局下，还存在贸易替代与贸易互补的关系。在美国出口市场，同一产业的不同国家（例如中国与印度）之间可能形成贸易竞争与替代关系，它们具有相同的要素禀赋，又极其依赖在美国的出口市场。无论在加工贸易还是在一般贸易中，这种贸易竞争与替代关系都可能存在。因此，如果一个国家相对其他国家的贸易竞争力（生产率等指标衡量）提升，那么即使面临汇率冲击，其对美国的出口收益也会提升。

现有的研究绝大多数集中于对两个主体之间的货币政策溢出效应研究，例如美国货币政策对中国经济的溢出效应。但是从多个贸易主体（例如三个贸易主体，其中一个进口国，两个出口国）之间的竞争性贸易视角研究货币政策对汇率及出口贸易影响效应的并不多。当前在全球开放经济环境下，经济主体之间的贸易往来加大的同时，贸易竞争也加强（Batista，2008）。例如，墨西哥与中国之间的贸易竞争（米尔、祖克，2013）：墨西哥曾由于《北美贸易协定》的签订，带来了制造业的巨大收益，但是在2001年中国加入WTO后，中国制造业成本较低，产能重组，从而在竞争中迎面赶上。2001～2005年，中国向美国出口的制造业产品总额以年均24%的速度增长。而与此同时，墨西哥的出口增长以年均20%的速度大幅下降，直至降为3%。2010年以后，墨西哥在美国进口市场的份额上升，而中国的份额逐渐下降。贸易竞争不仅体现在价格方面，也体现在生产率差异等基本面方面，因此货币政策的国际溢出效应的大小不仅受到各个经济体之间经济联系紧密程度、市场规模、资本开放程度等因素影响，也受到生产率差异的基本面因素的调节。要定量分析货币政策的国际溢出效应，有必要对不同影响因素类型进行区分，并考虑贸易竞争、价值链等因素的影响。而现有的文献在这方面的研究并不多。

第二，货币政策的作用机制有多重，最终的溢出效应取决于多重机制的相对发挥。大多数汇率传导理论研究强调汇率变化通过价格传导影响贸易，进而如果一国的货币政策变化，那么它也将是主要通过影响汇率，进一步改变价格而影响贸易，这一逻辑基础是建立在货币数量理论和购买力平价理论基础上的。但是在相当时间内，价格是黏性的。实际上，货币政策影响贸易还有另一重要渠道，就是货币政策通过影响国际资本市场的金融套利活动，进而影响汇率并改变贸易量。这一传导机制的研究经常被忽视，但是它又是非常重要。其原因有两点：首先，这一传导机制将国际投资套利活动与国际贸易变化紧密联系起来，构建了更为一般和系统的国际经济体系，因而其意义非常重要。其次，当前越来越多的国家开放了资本账户、放松了对国际资本流动的管制，在这一条件下，汇率变动对货币政策变化以及国际投资套利活动变得敏感起来，而汇率变化又对贸易变动产生影响，因此这就形成了货币政策对汇率以及贸易影响的另一传导机制。进一步举例说明，在 2008 ~ 2009 年金融危机期间，美国相对他国的利率水平下降，会促使即期美元下跌，进而抑制其他国家的出口。因此相对利率变动与贸易增长之间呈现反向关系，即出口国的相对利率水平（相对美国）越高，其出口到美国的收入越小。但是，如果从国际套利活动对长期汇率的影响来看，套利平价理论认为其他国家的利率水平上升会促使预期汇率或远期汇率下跌，即其他国家货币相对美元在长期中贬值，又因为汇率对贸易的价格效应具有滞后性，因此在长期中会促使他国对美国的出口增加。简而言之，即一国的相对利率水平较高，其货币在长期中会被低估，就可能促进出口增长。

第三，进口国的扩张性货币政策还会刺激国内需求，包括进口需求，而这又可能影响出口国的贸易收入增长。当美国实施量化宽松政策以极低利率刺激经济时，它对美国经济总量和进口总需求都会产生一定影响。这一间接效应是通过改变经济增长及总需求渠道实现的。

因此，货币政策至少会产生三个方面的国际溢出效应：一是改变相对物价水平和汇率变动，进而影响国际贸易；二是会改变利率差异，进而影响国际资本的流动及汇率变动；三是导致需求变化，并对国际贸易产生影响。目前，能够综合分析上述三种作用机制的研究较少。美国是全球第一大进口市场，另外，2008~2009 年全球金融危机以来的美国量化宽松政策也为相关理论的检验提供了一次很好的机会，它可以检验在竞争性贸易市场中非对称货币政策对汇率以及贸易的影响机制。2008 年全球金融危机以来，美国的货币政策发生了较大的改变，在全球经济联系越来越紧密的趋势下，这种宏观政策改变会带来极大的国际溢出效应，不仅通过国际金融渠道，也会通过国际贸易渠道对其他国家经济发展产生重要影响。

本章将货币政策的汇率传导模型以及汇率与竞争性出口市场模型结合起来，解释非对称货币政策对不同国家出口的竞争替代效应，特别是解释在美国量化宽松政策背景下，那些新兴市场和发展中经济体之间的贸易替代。这有助于分析不同国家货币政策的溢出效应及货币政策的关联性，有助于更好地理解开放经济条件下的汇率传导机制以及为减少贸易争端、实施更有效的多国政策协调提供建议。

二、相关理论研究

关于货币政策在贸易方面的溢出效应研究并不多。现有的研究大致分为两大部分：一是关于货币金融冲击对实际生产的国际溢出效应研究。全球金融市场是密切联系的，而且全球金融体系中的一个部分受到冲击，经常会对其他部分迅速产生重大影响。不过，科塞、奥特罗克和普拉萨尔（Kose，Otrok & Prasal；2008）指出，金融市场冲击所不断增加的溢出效应是否真正转化为更紧密的商业周期联系（即在 GDP 等实际宏观经济变量方面的溢出效应）还值得探讨。基姆（Kim，2001）运用 VAR 模型，研究发现美国的扩张性货币政策导致了美国以外的 G6（指加拿大、英国、法国、德国、意大利及日本）国家的经济繁荣。科塞、奥特罗克和普拉萨尔（2008）认为，一方面，新兴市场经济体和发达国家更紧密的经济联系会使它们的商业周期结合得更紧密；另一方面，新兴市场经济体自身已经成为世界经济增长的发动机，这意味着美国和其他发达国家的发展所产生的溢出效应减少，因为新兴市场经济体的经济增长一定程度上使世界商业周期避免了发达国家经济低迷（和繁荣）的影响。他们采用计量方法，把这些推动一国商业周期的因素划分为全球因素、组别因素和国家因素。共同因素（全球因素和各组别因素）对世界商业周期波动有显著影响，它们对产出波动的共同影响平均大约为17%。全球因素解释工业国家的产出增长波动的平均份额最大，因为工业国与世界贸易和金融的一体化程度最高。巴尤米和布伊（Bayoumi & Bui，2010）认为，美国和英国的金融市场危机对世界其他地区产生了溢出效应，并造成全球经济出现同步下滑。他们建立了发达经济地区的实际 GDP 增长率的溢出效应模型，主要评估在一段时间内国家之间经济冲击严重程度与相互间经济联系的紧密程度之间的关系。他们计算了美国、欧元区、日本和英国等实际 GDP 变动 1% 的冲击对其他地区造成的溢出效应的规模。结果表明，美国的经济冲击引发了显著的短期溢出效应，且随着时间推移不断积累，2 年后冲击使其他地区的实际 GDP 提高了 0.4 个至 1 个百分点。陈、格里夫利和萨海（Chen，Griffoli & Sahay；2014）研究了 2000 年 1 月至 2014 年 3 月美国 125 个货币政策公告效应，发现美国货币政策对新兴市场经济体的资本流动和资产价格波动有即时影响。宽松的货币政策导致资本流入激增、资产价格快速上升、信贷泡沫的形成以及企业的（外币）借贷不断上升，新兴市场经济体的政策制定者担心汇率大幅调整会迫使出口商和通过进口商品竞争的公司进行巨大而费力的调整。另外，外币虽然暂时贬值，但也可能突然大幅升值，引发政策制定者对巨额外币负债的担心。2013 年 5 月美联储主席伯南克提出考虑减缓资产购买速度时，会引发新兴市场波动性急升，同时资产价格大幅下跌。陈、格里夫利和萨海（2014）同时发现，基本面较强的国家受到的溢出效应较小，即实际 GDP 增长较高、经常项目头寸较多而通货膨胀较低且外国人持有的本国债务份额较小，就显著抑制了溢出效应。

二是关于美国量化宽松政策对其他国家的通货膨胀的影响。早在美国量化宽松政策一出台，国内就有跟踪研究，潘成夫（2009），王树同、刘明学和栾雪剑（2009）等提出，量化宽松政策会带来通货膨胀和资产价格泡沫的巨大隐患。张礼卿（2011）认为，QE2 引起的流动性大量流向新兴市场经济体，QE2 将导致美元贬值。面对 QE2 冲击，中国应该加快人民币名义升值、实施稳健甚至从紧的货币政策、加强资本管制、加强金融监管和推动国际货币体系改革。陈磊、侯鹏（2011）认为，美、英等国家的量化宽松货币政策导致流动性过剩，大量国际资本涌入大宗商品市场和新兴市场，催生资产泡沫，给新兴市场国家造成通胀的压力。黄益平（2011）认为，美联储和其他主要央行实施量化宽松的货币政策直接增加了流向中国的“热钱”，这使得通货膨胀可能是 2011 年中国最大的宏观经济风险。我国央行应采取包括加息、升值等的全面性的货币政策紧缩来控制通胀风险。李翀（2011）认为美国新一轮量化宽松的货币政策有可能导致世界性的通货膨胀，这再次表明以主权货币充当国际货币存在着许多弊病，必须要加快推进以构建超主权货币为特征的国际货币制度改革。

还有一些研究关注货币政策的“溢回效应”。当美国采取量化宽松政策应对金融危机时，其他国家也会采取相应的货币政策，例如欧洲的量化宽松政策、日本的“安倍经济学”，这些政策的实施一方面应对金融危机扩散可能造成的需求下降和经济不稳定影响，另一方面也会抵消贸易伙伴的货币政策带来的不利冲击。因此，一些国家和地区会相应地调整自己的货币政策，从而使得不同国家的货币政策具有一定关联性，这种关联性的强弱可能非常重要，它决定了“溢出效应”和“溢回效应”的大小，它使得货币政策的冲击在不同国家表现出一定差异，进而使得货币政策对汇率的国际传导机制变得更为复杂。

在实证分析方面，李自磊、张云（2013）构建SVAR模型对美联储量化宽松货币政策、国际大宗商品价格、人民币汇率与我国通货膨胀之间的动态关系进行检验，结果表明：量化宽松政策的实施推动了国际大宗商品价格的上涨，进而推动了国内通胀，其对PPI的影响要大于对CPI的影响；同时，该政策推动了人民币的升值，而人民币升值对国内通胀有一定抑制作用。张靖佳、孙浦阳和刘澜飚（2015）以2001~2006年的日本量化宽松政策为例，检验了量化宽松政策对我国企业出口行为的影响，结果发现：日本的量化宽松政策使我国企业对外出口量显著增加，特别是提高了外资企业的出口能力，它表明该政策冲击的国际资本流动增加的压力大于汇率升值的压力，也显示出量化宽松政策对出口贸易具有跨国财富效应。孙浦阳、张靖佳和高恺琳（2016）以我国海关的2001~2006年的微观贸易数据进行匹配，检验日本量化宽松政策对我国出口企业价格的影响，结果表明企业对于量宽政策个体反应指标与出口价格波动率呈同向变动关系，出口价格对政策的反应强烈。

综上所述，现有研究的最大不足是绝大多数研究只关注了进、出口国两个国家之间的货币政策的贸易冲击效应，而较少有研究关注三个或三个以上贸易主体之间的货币政策、汇率传导及贸易变化机制。特别是未从贸易替代与贸易互补等关系出发解析非对称货币政策对这些“异质性”贸易主体的冲击效应。而对于这一问题的研究在当前全球经济联系日益紧密的环境下又是非常重要的。因而，本章的理论和实证研究有助于我们从一个更为宽广的全球视野中明晰一国贸易发生变化的真正原因，明晰不同国家货币政策对其他国家汇率及贸易的传导机制。

第二节　非对称国际货币政策下的竞争性贸易模型

一、竞争性消费市场

本小节将构建从货币政策调整到利率变动、汇率变动以及同一进口市场相对贸易收入变动的传导模型。假定某一国（东道国）产品消费市场为竞争性市场，来自本国及其他国家的出口产品展开市场竞争。q_0 为本国产品，q_j 为其他国家的产品。这个国家总的消费效用函数为：

$$U = [(q_0)^{\rho} + \sum_{j=1}(q_j)^{\rho}]^{\frac{1}{\rho}} \quad (5-1)$$

其中，产品之间的替代弹性 $\sigma = 1/(1-\rho) > 1$，它是反映出口市场不完全竞争的关键性参数。定义所有产品的总价格函数为：

$$P = [(q_0)^{1-\sigma} + \sum_{j=1}(q_j)^{1-\sigma}]^{\frac{1}{1-\sigma}} \quad (5-2)$$

再定义 $Q = U$，预算约束为 R，可以知道 $R = PQ$。

由消费者最优决策可以得到：

$$q_0 = Q\left[\frac{p_0}{P}\right]^{-\sigma},\ q_j = Q\left[\frac{p_j}{P}\right]^{-\sigma} \quad (5-3)$$

不同国家产品在东道国的销售收益分别为：

$$r_0 = R\left[\frac{p_0}{P}\right]^{1-\sigma},\ r_j = R\left[\frac{p_j}{P}\right]^{1-\sigma} \quad (5-4)$$

二、出口市场产品定价

假定企业的生产成本为两种成本，一是生产的边际成本，取决于它们各自的生产率 φ 或 φ_j，二是生产的固定成本 f 或 f_j（劳动数量）；出口市场没有进入成本。这些国家的劳动工资分别为 w 或 w_j。对于本国产品，本国企业的定价为：

$$p_0=\frac{w}{\rho\varphi},\ p_j=\frac{e_j'w_j}{\rho\varphi_j} \tag{5-5}$$

其中，e_j'是出口国与东道国的汇率，它以东道国货币表示一单位外币（直接标价法），我们将其替代为外币表示的一单位东道国货币，即 $e_j=\frac{1}{e_j'}$。

在东道国出口市场，各个国家的产品销售收益分别为：

$$r_0=R\left[\frac{w}{\rho\varphi P}\right]^{1-\sigma},\ r_j=R\left[\frac{w_j}{e_j\rho\varphi_jP}\right]^{1-\sigma} \tag{5-6}$$

不同国家的出口收益之比等于：

$$\frac{r_j}{r_{i+m}}=\left[\frac{w_je_{j+m}\varphi_{j+m}}{w_{j+m}e_j\varphi_j}\right]^{1-\sigma} \tag{5-7}$$

上面式子即为竞争性出口市场上不同国家的相对出口量。显然，在其他因素不变的条件下，它与汇率的变动紧密相关。对上面式子取对数求导，并得到：

$$\frac{\Delta r_j}{r_j}-\frac{\Delta r_{j+m}}{r_{j+m}}=(1-\sigma)\left[\left(\frac{\Delta w_j}{w_j}-\frac{\Delta w_{j+m}}{w_{j+m}}\right)-\left(\frac{\Delta e_j}{e_j}-\frac{\Delta e_{j+m}}{e_{j+m}}\right)-\left(\frac{\Delta\varphi_j}{\varphi_j}-\frac{\Delta\varphi_{j+m}}{\varphi_{j+m}}\right)\right]$$

上述等式即本章最重要的等式之一，它是竞争性出口市场中不同经济体的贸易相对份额的决定因素等式。在这一式子中，不同出口国的出口收益的相对增长率取决于多个因素：一是市场中的产品替代弹性 σ，但是这一因素只是调节因素，它与其他因素共同发生作用；二是相对工资率，它决定了产品价格相对高低，进而决定了产品竞争力；三是相对生产率的高低也决定了产品相对价格，进而决定了产品竞争力；四是各个国家与东道国的汇率的相对变化，它也是通过影响产品价格相对变动而影响产品竞争力。由于出口市场是竞争性的替代市场，所以 $\sigma>1$，进而有下列定理 1：

定理 1：在同一竞争性出口市场，决定不同国家的相对出口收益的因素既有汇率因素，也有其他基本面因素，包括不同产品之间的替代弹性、相对工资水平高低、相对生产率高低。

三、货币政策对汇率及相对贸易量的影响机制

汇率的变化又实际来自国家之间的货币政策的变化。因为从货币主义观点来看，货币价值变化、通货膨胀都是货币供给量变化的结果。不过，在宏观经济学理论中，货币政策的影响效应有多方面：首先，从短期效应来看，扩张性货币政策将影响利率的变动，而一般价格水平保持不变，存在价格粘性；在长期中，货币政策将影响一般物价水平，进而影响汇率。因而，在前一个作用渠道中，汇率的变化将通过国际资本流动和利率变动来实现；在后一个渠道中，汇率的变化将通过购买力平价机制实现。将国际资本流动理论和购买力平价理论两者统一，即国际费雪效应，即期汇率会随着两国的名义利率差别而改变。假设资本可以自由流动，则各国实际利率最终会相等。因此两国名义利率之差就等于两国通货膨胀率之差，再结合购买力平价理论，即可得到国际费雪效应。假设东道国采取了某一货币政策，而其他国家没有或者只是采取了部分货币政策，我们将考虑这些货币政策对汇率市场的影响。在资本完全自由市场，利率的变动会引起国际资金的转移，并对外汇市场产生影响。

$$i = i_j + \left(\frac{e'_{fj}}{e'_j} - 1\right) \tag{5-8}$$

其中，e'_{fj}是未来的预期汇率。将上式转换：

$$\Delta i_j = i_j - i = -\frac{\Delta e'_j}{e'_j} = \frac{\Delta e_j}{e_j} \tag{5-9}$$

其中，Δi_j 就是反映非对称货币政策的变量（名义利率）。上述公式成立的一个重要前提是建立在利率对汇率的完全传导机制上的，如果这一传导机制是不完全的，比如资本管制等等，那么就会影响到货币政策对汇率的传导效应。上述方程是本章的核心方程之一，它显示外国的利率相对美国利

率变动与远期或长期汇率变化的关系，这种关系正是建立在越来越庞大且越来越活跃的国际资本套利活动的基础上。如果外国利率相对美国利率提升，那么套利均衡将使得该国货币存在长期贬值趋势。而这将进一步影响一国对美国的长期贸易竞争力，进而建立起货币政策、国家投资套利与国际贸易三者的联系机制。

除此之外，货币政策还有一个影响贸易的重要渠道，往往被研究者忽略，那就是货币政策对国民收入的影响，进而对进出口贸易的影响。考虑新古典宏观经济的理论观点，只有实际汇率发生变化，才会影响实际投资和国民收入以及国际投资套利活动，进而影响进出口。

假定 i' 和 i_j' 分别表示东道国和外国的实际利率，i 和 i_j 分别表示两国的名义利率，π 和 π_j 分别表示两国的通货膨胀率，那么费雪效应要求：

$$i' = i - \pi,\ i_j' = i_j - \pi_j \tag{5-10}$$

一方面，依据宏观经济理论，实际利率下降，将刺激经济，提高实际产出，进而东道国的实际支出 $Q = U$ 是实际利率的反比例函数；另一方面，东道国的进口贸易量又是其国民收入的正比例函数，所以东道国的进口贸易量也是该国实际利率的反比例函数，即 $R(i')$、$r_j(i')$。虽然东道国扩张性货币政策会通过利率—收入渠道影响其他出口国的出口收入绝对量，但是不会影响这些国家的出口收入的相对量。

最后，综合前面所有的分析，可以得到：

$$\frac{\Delta r_j}{r_j} - \frac{\Delta r_{j+m}}{r_{j+m}} = (\sigma - 1)\left[(\Delta i_j - \Delta i_{j+m}) + \left(\frac{\Delta \varphi_j}{\varphi_j} - \frac{\Delta \varphi_{j+m}}{\varphi_{j+m}}\right) - \left(\frac{\Delta w_j}{w_j} - \frac{\Delta w_{j+m}}{w_{j+m}}\right)\right]$$

定理 2：在竞争性替代出口市场，即 $\sigma > 1$，美国相对其他出口国的扩张性货币政策将改变两者的利率之差（Δi_j），进而通过国际投资市场的套利活动改变汇率预期（$\Delta e_j / e_j$），并通过价格渠道影响一国对美国的出口收入。不同国家的非对称货币政策会影响其对美国出口的相对竞争力，进而改变其在美国出口市场中的收入份额。

第三节 2000 年以来美国的货币政策调整及影响

一、美国货币政策调整

鉴于美国经济在当前世界的影响力，研究美国货币政策带来的溢出效应问题尤为重要。我们重点考察美国货币政策变动（货币供给或联邦基金利率季度变动）对一些先进经济体以及新兴市场和发展中经济体的产出、汇率、进出口贸易和短期利率的影响。图 5.1 是 2000～2016 年世界主要国家和地区的 GDP 增长率。

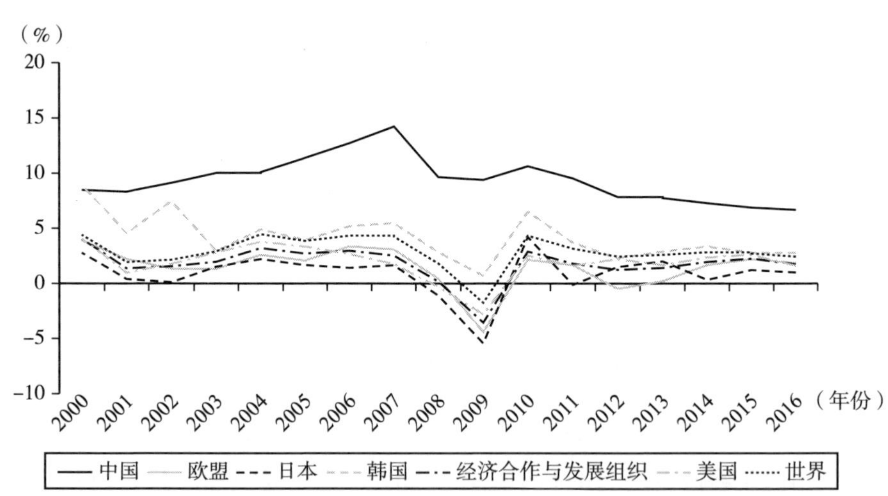

图 5.1 2000～2016 年世界主要国家和地区的 GDP 增长率

资料来源：世界银行。

从图中显示结果来看，从 2008 年开始，全球大部分国家的经济增长进入一个下滑阶段，特别是 2008～2009 年，许多国家和地区的经济增长率为负。而美国经济早在 2004 年（3.78%，21 世纪以来的最高点）就开始有所下降。2008 年金融危机爆发，美国的经济增长率下降为 -0.29%，2009 年为 -2.77%，其后几年一直徘徊在 1.6% ~2.5%。

图 5.2 是 2000 年第 1 季度到 2017 年第 1 季度的美国与货币政策相关的金融市场利率。

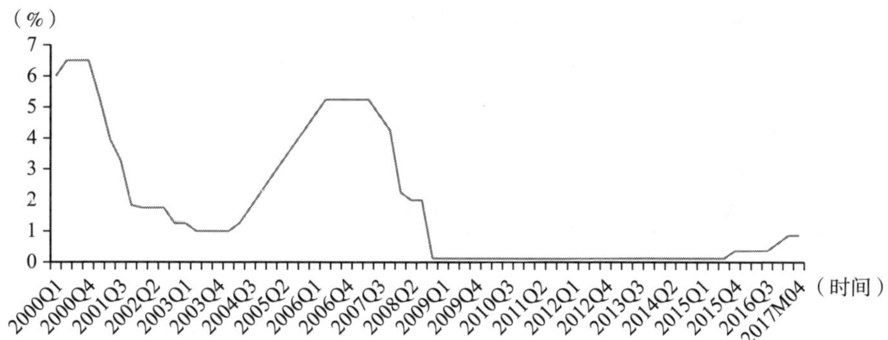

图 5.2　2000 年第 1 季度至 2017 年第 1 季度美国货币政策关联的金融市场利率

资料来源：国际货币基金组织的 International Financial Statistics（IFS）。

从图中显示来看，美国金融市场利率经历了两次大的周期性变动。第一次从 2000 年 3 月的互联网泡沫破灭开始，美联储改变了联邦基准利率上调趋势，逐渐转为下调，以刺激经济。2001 年 1 月至 6 月底，美联储连续六次降息，为 20 年来最大幅度的降息。随着宏观经济的逐步恢复，2004 年 6 月 30 日美联储开始了 21 世纪后的第一次加息，联邦基准利率提高了 25 个基点，加息持续到 2006 年 6 月 30 日。通过这 17 次加息，美国的联邦基金目标利率已经提高到 5.25%。这就是 21 世纪以来的美国第一次货币政策周期。

但是，这一次加息也触发了全球金融危机。2007 年 4 月，美国第二大次级房贷公司——新世纪金融公司破产，暴露了次级抵押债券的风险；从 2007 年 8 月开始，美联储做出反应，开始降息，向金融体系注入流动性以增加市场信心。但是，2008 年 8 月，美国房贷两大巨头——房利美和房地美股价暴跌，美联储再次开始降息至接近零的水平，从 2008 年第 4 季度开始，美国的金融市场利率下降到 0.125%，通过多轮量化宽松政策不断为市场注入流动性，一直持续到 2015 年的第 4 季度的 0.375%。这也是 2000 年以来美国货币政策的第二个大的周期。

为了扭转经济下滑趋势，美国在金融危机时期采取了多项宏观经济政策，其中最重要的一项政策就是量化宽松政策（quantitative easing monetary policy）。从 2008 ~2017 年，美国的货币政策大致可以分为两个阶段：一个是量化宽松阶段，另一个是加息阶段。具体如表 5.1 所示。在金融危机期间及之后，美联储买入规模达 4.46 万亿美元的抵押贷款支持证券（MBS）和美国国债资产（截至 2017 年 7 月），占美联储总资产的 94%。

表 5.1　　2007 ~2017 年美国系列货币政策

时期	政策措施
2007 年 9 月 ~2008 年 12 月	美联储宣布降息 10 次，将联邦基准利率从 5.25% 下降到了 0.25% 的零利率水平
2008 年 11 月 25 日 ~ 2010 年 4 月 28 日	美联储实施首轮量化宽松，购买了近 1.725 万亿美元的机构债、MBS（抵押贷款支持证券）等资产
2010 年 11 月 4 日 ~ 2011 年 6 月	美联储实施第二轮量化宽松，计划购买近 6000 亿美元的长期美国国债
2012 年 9 月 14 日	美联储实施第三轮量化宽松，每月采购 400 亿美元的抵押贷款支持证券
2012 年 12 月 13 日	美联储推出第四轮量化宽松，每月采购 450 亿美元国债，加上第三轮量化宽松每月 400 亿美元的采购额度，共达到 850 亿美元
2013 年 12 月 18 日	美联储宣布将购买债券的总规模从每月 850 亿美元下调至 750 亿美元
2014 年 10 月 29 日	美联储宣布结束资产购买计划

续表

时期	政策措施
2015 年 12 月 17 日	美联储宣布提高联邦基准利率，上调 25 个基点，达到 0.25% ~ 0.5% 的水平，开始加息周期
2016 年 12 月 15 日	美联储提高联邦基准利率，上调 25 个基点，达到 0.5% ~0.75% 的水平
2017 年 3 月 16 日	美联储提高联邦基准利率，上调 25 个基点，将基准利率提高到 0.75% ~1%

资料来源：本书整理而得。

美国的第一轮量化宽松政策在 2008 年 11 月 25 日至 2010 年 4 月 28 日实施，时间期限大致一年半，美联储购买了近 1.725 万亿美元的机构债、MBS（抵押贷款支持证券）等资产。量化宽松主要是指央行在实行零利率或近似零利率政策后，通过购买中长期债券，增加基础货币供给，向市场注入大量流动性资金的干预方式，以鼓励开支和借贷。在常规的货币政策中，美联储是通过控制短期利率达到经济平稳的。但是，量化宽松政策是美联储购买中长期国债（包括抵押证券）直接用于资产组合，以交换新发行的储备货币，通过扩张资产负债表来应对经济萧条，因此它有时也被称为“非常规货币政策”或“资产负债表政策”。当美联储从银行或其他金融机构购买长期债券，用于交换新发行的美元（以准备金的形式）时，美联储减少了这些债券的市场供应。这一举措提高了仍在市场的债券价格，减少了这些债券的收益。随着政府债券收益的下降，其他长期证券的收益也同步下降，使借贷成本降低。其目标是提高银行贷款的潜力，增大资产价值，从而提高国内需求，促进经济增长。在 2008 年第 3 季度时，美国金融市场的利率为 2%，第 4 季度美联储开始实施量化宽松之后，市场利率随即转变为 0.125%。当货币政策不能进一步降低利率时，美联储在全球危机期间使用资产负债表来刺激经济。政策实施以后，美国的 GDP 增长也由 2009 年的 -2.77% 转变为 2.53%，美国的经济在逐渐恢复。这表明第一轮的量化宽松政策取得了一定实质性效果。

不过，截至2010年4月，美国失业问题仍然严峻，美联储决定实施第二轮量化宽松政策，即从2010年11月至2011年6月，美联储再发6000亿美元货币，购买财政部发行的长期债券，每个月购买额为750亿美元，直到2011年第2季度。2012年9月13日美联储宣布了第三轮量化宽松货币政策，每月购买400亿美元抵押贷款支持证券，以进一步支持经济复苏，此时美国失业率降至8%左右，仍远高于自然失业率。2012年12月12日，美联储宣布了第四轮量化宽松货币政策，每月采购450亿美元国债，加上第三轮量化宽松每月400亿美元的采购额度，美联储每月资产采购额达到850亿美元。不过，从2013年开始，美国的宏观经济增长率开始逐步恢复，2013年12月19日，美联储宣布从2014年1月开始每个月购买的抵押贷款支持证券和国债分别缩减50亿美元，并维持0～0.25%的基准利率表不变。2014年9月，美国失业率降至5.9%，为2008年7月以来的最低水平。2014年10月29日，美联储宣布结束资产购买计划，为期6年的量化宽松政策正式结束，美国货币政策逐渐转向加息。不过，此时美联储总资产规模也由金融危机前的8千亿美元突破到4万亿美元。

受到美国货币政策的影响，其他国家也采取了相应的货币扩张政策，例如英格兰银行、日本银行等也实施了债券收购计划。如图5.3所示，包括欧盟、英国等的金融市场利率也有大幅度下降，欧盟的利率从2008年第2季度的4%下降到2009年第2季度的1%；英国的利率从2008年第3季度的5%下降到2009年第1季度的0.5%。自2007年8月爆发的次贷危机以来，英格兰银行的资产负债表扩大了380%，欧元体系则迅速增长了241%，美联储则扩大了221%。2016年3月欧洲央行又宣布扩大每月购债额度至800亿欧元，不过，到了2017年3月，欧洲央行将每月购债额度削减至600亿欧元。

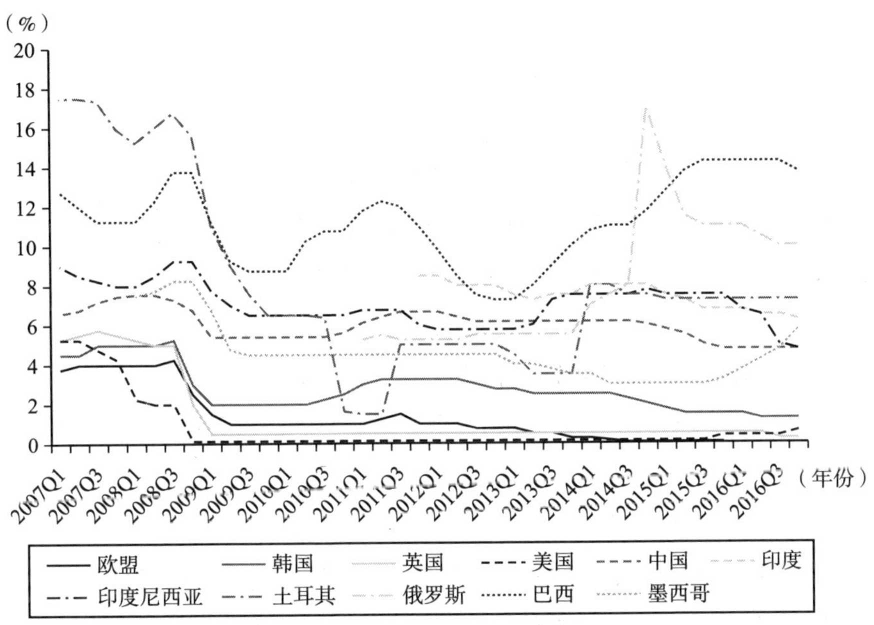

图 5.3　2007～2016 年各国及经济体与货币政策相关的基准贷款利率

资料来源：国际货币基金组织的 International Financial Statistics（IFS）。

二、美国货币政策调整对其他国家出口贸易的影响

尽管量化宽松政策有助于美国等发达经济体复苏，但也产生了一些重要的国际溢出效应：

一是量化宽松政策对国际贸易增长产生多方面影响。一方面，欧美经济的复苏将通过贸易渠道拉动中国等多个地区的出口。美国市场是很多国家和地区的出口市场，美国经济恢复、需求提升对包括中国在内的许多国家和地区的出口是利好。美国下调的利率形成了对投资与消费的刺激，促进了美国经济的逐步恢复，也带动了新兴经济体的出口增长。在 2008 年金融危机期间，世界主要国家和地区对美国的最终产品出口以及中间品出口都有一定下滑，不过在 2010 年之后，它们对美国的出口都有了很快的增长恢复。

另一方面，美国量化宽松政策对各国汇率波动产生了较大影响，促使

它们的货币相对于美元升值，削弱了这些国家对美国的出口。量化宽松政策使得美元贬值，而其他国家货币升值，也使得其他国家的商品价格相对上升，削弱它们的竞争力。而量化宽松政策的退出，则作用机制相反。

另外，非对称的汇率波动也会对不同国家的贸易出口竞争产生影响。早在2013年底，国际市场预测美联储将逐步退出量化宽松政策之后，新兴经济体如南非、巴西、土耳其、印度、印度尼西亚、马来西亚等都受到冲击，又面临巨额贸易赤字、资本外流、货币贬值等问题，印度尼西亚央行动用了150亿美元（14%外汇储备）捍卫货币，但仍贬值15%，印度货币贬值20%；而南非、巴西、土耳其等国货币亦相继贬值，它们除了提高利率以防资本持续外流外，别无选择。这些经济体的货币贬值，会使得它们获得一定程度的出口竞争力，对同档次的中国出口商品会构成一定威胁，但中国从这些国家和地区的进口也将从贬值中获益（新兴经济体占中国进口额的30%左右），一定程度上会起到抵消作用。如图5.4和图5.5所示，尽管中国人民币币值相对于美元、其他货币等在提升，但是中国对美国的出口份额（最终品出口份额、中间品出口份额）都在提升，这表明除了汇率因素外，影响贸易增长和竞争的其他基本面因素也存在，例如生产率等竞争力差异。

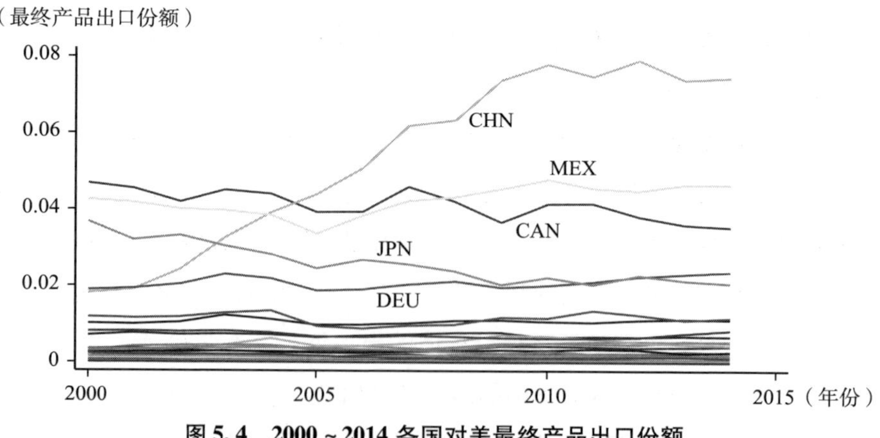

图5.4　2000～2014各国对美最终产品出口份额

资料来源：经济合作与发展组织（OECD）国家间投入产出表ICIO（2000～2014年）。

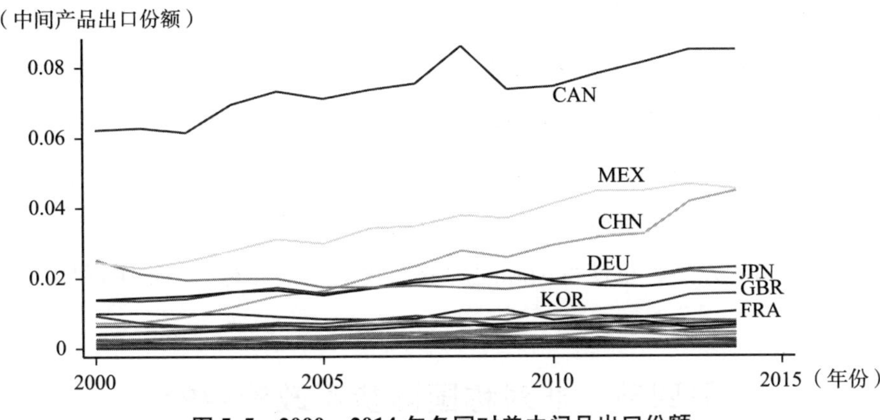

图 5.5　2000～2014 年各国对美中间品出口份额

资料来源：OECD 国家间投入产出表 ICIO（2000～2014 年）。

二是导致全球通货膨胀预期加大。美元大量发行，引起全球美元贬值，一些重要商品价格上涨。例如，美国第三轮量化宽松政策宣布的当天，工业冶金的价格就上涨了 4%，达到数月以来的最高点。

三是这一政策也导致大量（“有害”）资本流入一些新兴市场经济体，并引发通货膨胀。由于美元及美元资产贬值，国际投资者加大对新兴经济体资产的投资，流入新兴经济体的资本规模和速度提升，也推高了部分新兴经济体的物价水平，甚至形成资产价格泡沫，并影响收入分配。对于新兴经济体而言，国际资本流动可能带来一种破坏力量，它增加了本国经济的脆弱性，可能引发破坏性危机，而不是促进经济增长或通过增加投资机会分散风险。

四是美国这一政策也会对其他中央银行的货币政策实施带来影响。一国中央银行如果不干预外汇市场，就可能会引发与经济基本面无关的货币升值成本。如果为防止货币升值而干预外汇市场，中央银行势必要应对过剩的流动性以及可能出现的通胀压力。美联储的量化宽松货币政策的退出也使得一些国家的货币政策实施陷入两难境地：如果选择与美国同步，实施偏紧缩性的货币政策，比如提高基准利率、回收之前投放的流动性，就会使经济面临更大的下行风险，金融市场也会因流动性短缺出现动荡；如果实行偏宽松性的货币政策，会扩大中美两国货币市场的利差，刺激各国境内的游资加快流出。中国国家外汇管理局公布的数据显示，2015 年和 2016 年我国外汇储备资产分别减少了 5127 亿美元和 4487 亿美元，这是央行为了抑制资本外流导致的人民币贬值而进行的外汇市场干预的结果。这些影响作用的发生，也使得国际间的货币政策实施具有了一定关联性。

第四节　非对称国际货币政策中的汇率传导机制计量分析

一、计量模型原理

依据上述理论思想，本小节设计的计量模型有两种：一种计量模型考察不同行业产品中各个国家对美国出口绝对金额变化的决定因素模型，另一种计量模型考察不同国家在美国市场出口份额变化的决定因素模型。出口变量除了最终产品之外，还有中间品贸易变量。本节将影响贸易量的因素划分为两类：（1）基于比较优势的生产率等基本面因素。一般而言，如果基本面因素较强的国家，其受到的货币政策冲击会较小，例如实际 GDP 增长率较高，生产率相对较高、经常项目头寸较多，而通货膨胀率较低等。（2）另一类是货币政策因素，货币政策会影响物价、通货膨胀，进而影响汇率和彼此间贸易量变化。另外，我们还将考察政策的时间滞后效应，即随着时间推移，基本面因素和货币政策因素的影响效应是否发生变化。

依据凯恩斯理论，美国的量化宽松政策，将使得增加的货币被三部分吸收：第一部分增加的货币将使得利率降低。当货币供给超过货币需求时，利率下降。因而下降的利率正是在一定程度上代表着美国的量化宽松政策。在国际资本完全自由流动的条件下，利率变化又转变为汇率变化，并通过相对价格途径（汇率传导）影响各国向美国的出口竞争力。这一传导机制正是本章要重点检验的内容。第二部分是增加的货币在一定程度上转变为物价（P）的上涨，即通货膨胀。它对美国的进口金额产生两方面效应，首先通过购买力平价效应，使得美国出口竞争力下降，进口数量增加。另外由于物价上涨，相同数量的进口的支出也提升。第三部分增加的货币将被更大规模的交易性货币需求吸收，由于其他因素和利率降低促使美国的 GDP 产出不断增加，而根据货币数量论（剑桥货币数量公式）以及交易性货币需求理论，这一部分增加的货币并不会导致物价上涨，特别是在宏观经济低于潜在产出时，它会被增加的实际 GDP 所吸收。

从上述货币扩张政策所产生的复杂效应的梳理中，我们可以将不同的变量进行分类，得到最优的计量模型设计（如表 5.2 所示）：

表 5.2　　计量模型变量说明

被解释变量	含义
fm_j	美国从第 j 国进口的最终产品金额
mm_j	美国从第 j 国进口的中间产品金额
ffi_j	美国从第 j 国进口的第 1 产业最终产品金额
fsi_j	美国从第 j 国进口的第 2 产业最终产品金额
fti_j	美国从第 j 国进口的第 3 产业最终产品金额
mfi_j	美国从第 j 国进口的第 1 产业中间产品金额
msi_j	美国从第 j 国进口的第 2 产业中间产品金额
mti_j	美国从第 j 国进口的第 3 产业中间产品金额
解释变量	含义
xrg_j	第 j 国汇率变动率
$rate1_j$	第 j 国的货币市场利率水平
$rate2_j$	第 j 国的贷款利率水平

续表

解释变量	含义
$\Delta rate1_j$	第 j 国相对美国的货币市场利率水平
$\Delta rate2_j$	第 j 国相对美国的贷款利率水平
$rrate_j$	第 j 国实际利率水平
控制变量	含义
Im_{us}	美国进口总金额
rw_j	第 j 国工资率
$ctfp_j$	第 j 国全要素生产率水平
hc_j	第 j 国人力资本水平
fc	2008 ~ 2009 年全球金融危机冲击变量
$open_j$	第 j 国资本市场开放程度
exs_j	第 j 国向美国出口的最终产品占其出口总量的份额

（1）一个重要变量是美国的进口总金额变量（fm，最终品进口总额；mm 中间品进口总额）的自发增长。它代表着两大部分因素，一是货币政策转化为实际产出增长的部分。由于总产出增长，带来了进口的增加以及其他国家各自出口收入的增加；二是其他促使美国进口总额增加的因素（非货币政策因素，基本面因素）。

（2）货币政策相关变量。第一个变量是名义汇率的变动率（xrg），它是最直接的因素，它衡量各国相对美国的名义汇率变动量对进出口贸易的影响。第二个变量是利率因素，该变量将影响汇率进而影响相对进口量的变动。我们的分析提供了两种利率变量选择，一种是“rate1”，它是货币市场利率，另一种是“rate2”，它是贷款利率。还考虑了相对变化变量的影响，即“Δrate1”和“Δrate2”。第三个变量是实际利率变化，即“rrate”，它是货币市场利率减去通货膨胀（消费者物价指数的变动率）之差。正如前述所说，美国的量化宽松政策或货币供给增加政策既会影响利率，也会影响到物价，而后者也会对汇率及进出口价格产生一定影响（基于购买力平价），为了真正的衡量货币政策对利率以及国际投资套利活动对汇率和进出口贸易的影响，采用真实利率的相对变动来分析货币政策的影响效应。为了考察政策的滞后效应，本节在相应地在模型中使用了滞后一阶的解释变量。

（3）影响进出口的一些基本面因素，它们是从实体经济角度测度各个国家的相对出口竞争力，这些竞争力决定了各国在美国的出口金额和相对市场份额。这些变量包括相对工资水平（rw）、相对生产率水平（ctfp，全要素生产率水平，设定美国的全要素生产率水平为1）、人力资本指数水平（hc）、资本账户开放程度变量（open）、2009年全球金融危机冲击的虚拟变量（fc）等，其中人力资本指数水平基于劳动力受教育年限和相应的回报计算得到；金融危机虚拟变量冲击，本节采用了2008年、2009年两年的影响（这两年设为1，其他年份全部设为0），这两年与其他年份在经济指标上发生了较大变化，其主要受到危机冲击的影响。资本账户开放程度高低是决定货币政策对利率以及国际投资套利市场的影响机制的关键，如果一国采用的是高度开放的国际资本市场，那么非对称的货币政策进而会对利率以及国际套利活动产生影响，并对汇率变动产生即刻影响，这也是本章货币政策影响进出口贸易的一个主要传导机制。只有在高度资本开放市场，这一传导机制才存在，否则将削弱货币政策及利率对贸易影响的机制。

为了进一步准确测度非对称货币政策对竞争性贸易的影响。我们还考虑经济联系程度这一指标，即某一国家对美国出口的金额占其总出口金额的比重“exs”，该指标能够刻画一国与美国的经济联系紧密程度，如果这一指标越高，那么表明对美国贸易的依赖程度越高，那么汇率冲击的影响将很大，而如果这一指标越低，则贸易关系受到其他负面冲击的影响会比较弱。因此，要准确刻画冲击影响，必须控制这一变量。

研究的主要数据来自GGDC数据库中的生产率数据和WIOD中的世界投入产出数据，以及IMF统计数据库。分析的基本计量模型为：

$$\ln fm_j = \alpha + \alpha_1 \ln im_{us} + \beta_0 xrg_j + \beta_1 \ln rw_j + \beta_2 \ln ctfp_j + \beta_3 hc_j + \beta_4 fc + \beta_5 open_j + \beta_6 exs_j + \varepsilon$$

$$\ln mm_j = \alpha + \alpha_1 \ln im_{us} + \beta_0 xrg_j + \beta_1 \ln rw_j + \beta_2 \ln ctfp_j + \beta_3 hc_j + \beta_4 fc + \beta_5 open_j + \beta_6 exs_j + \varepsilon$$

$$\ln fm_j = \alpha + \alpha_1 \ln im_{us} + \beta_0 rate_j + \beta_1 \ln rw_j + \beta_2 \ln ctfp_j + \beta_3 hc_j + \beta_4 fc + \beta_5 open_j + \beta_6 exs_j + \varepsilon$$

$$\ln fm_j = \alpha + \alpha_1 \ln im_{us} + \beta_0 \Delta rate_j + \beta_1 \ln rw_j + \beta_2 \ln ctfp_j + \beta_3 hc_j + \beta_4 fc + \beta_5 open_j + \beta_6 exs_j + \varepsilon$$

$$\ln fm_j = \alpha + \alpha_1 \ln im_{us} + \beta_0 rrate_j + \beta_1 \ln rw_j + \beta_2 \ln ctfp_j + \beta_3 hc_j + \beta_4 fc + \beta_5 open_j + \beta_6 exs_j + \varepsilon$$

二、计量结果与分析

表5.3～表5.9是主要的计量结果。我们做了Hausman检验，以判断选择固定效应模型还是随机效应模型。Hausman检验统计量为负（－0.86），可以认为是原假设不成立，所以采用固定效应模型。

（1）本节采用2000～2014年的汇率变量对出口贸易变量做回归，结果如表5.3所示。可以发现汇率变量，特别是滞后一期的汇率变量（l.xrg）对一国最终品出口贸易产生显著影响（回归系数为0.465），而汇率变量对中间品贸易不产生显著影响。这一结果显示：第一，最终品贸易受到汇率的影响要大于中间品贸易，因为中间品贸易，特别是基于全球价值链的中间品贸易除了受到汇率影响外，还受到跨国公司的全球经营战略以及国际化分工的影响，后者倾向于建立更为稳定的生产合作关系和分工，而这会在一定程度上削弱汇率对贸易的影响。而最终品贸易由于汇率变动产生的价格竞争力效应会影响进出口。第二，从回归系数来看，首先，汇率对其他国家出口到美国的贸易有一个迟滞效应，因为只有一阶滞后的汇率变量产生显著影响；其次，回归系数为正，即外国货币贬值，将促进外国对美国的出口。这一结论与理论预测是一致的。

表 5.3　　汇率对最终品贸易与中间品贸易的影响模型

变量	lnfm		lnfm		lnmm		lnmm	
	系数	P 值	系数	P 值	系数	P 值	系数	P 值
$lnim_{us}$	0.960 **	0	0.989 **	0	1.586 **	0	1.513 **	0
xrg	0.250	(0.162)			-0.071	(0.654)		
l. xrg			0.465 **	(0.006)			0.092	(0.543)
lnrw	-0.363 **	(0.004)	-0.341 **	(0.008)	-0.137	(0.221)	-0.138	(0.232)
lnctfp	1.495 **	0	1.402 **	0	1.494 **	0	1.348 **	0
hc	0.615 **	(0.012)	0.364	(0.129)	0.982 **	0	0.817 **	0
fc	-0.021	(0.655)	0.013	(0.768)	0.103 **	(0.014)	0.091 **	(0.021)
open	0.379 **	(0.001)	0.515 **	0	0.140	(0.162)	0.263 **	(0.012)
常数	-4.159	(0.188)	-4.161	(0.164)	-16.425 **	0	-14.959 **	0
R 平方	0.375		0.344		0.549		0.496	
F 统计量	568.4		579.8		631.59		654.22	

注：括号中数字为 p 值。** 表示统计量显著水平设置在小于 10%。

（2）如前所述，各国对美国的出口收入增长除了与各自竞争力相关之外，还受到美国自发性进口增长（im_{us}）的影响，它又与美国收入增长、GDP 增长紧密相关。因此，货币政策对利率进而对收入增长的影响以及其他促使美国进口总量增长的因素都会在这一变量中得到反映。为了更为精确地测度货币政策对利率、汇率以及对贸易影响的机制，我们引入了这一变量。结果显示，它与各国在美国出口增长紧密相关，影响效应显著为正。

（3）从表 5.3 控制变量的回归结果来看，相对工资水平（rw）、生产率水平（ctfp）、人力资本水平（hc）都对一国向美国出口贸易量产生显著影响，并且影响方向与理论预测是一致的。首先，外国的工资水平越低，其向美国出口量越大，回归系数为负，且相对工资水平对最终品贸易的绝对影响效应大于对中间品贸易的绝对影响效应。因为工资水平决定了生产成本，相对工资水平越低，一国的出口竞争力越强。其次，全要素生产率水平对一国向美国出口产生正向影响，其影响值在1.49左右，即一国的全要素生产率水平提升1%，将促进其向美国出口贸易量提升1.49%。再次，人力资本水平也对贸易量具有正向效应，且对中间品贸易的绝对影响效应大于对最终品贸易的绝对影响效应。最后，从资本市场开放程度变量（open）来看，它对贸易量有正向影响。因为国际资本开放强化了与外部经济的联系，也促进了经济往来，增强了资本与贸易的互动，它是有益于贸易发展的。例如为贸易及其生产活动融资的国际资本进入能够促进贸易发展，特别是中间品贸易活动的发展。

（4）依据前述模型，在国际资本市场完全开放的条件下，国际投资套利活动将驱使货币政策所产生的相对利率变化转换为汇率变化，并对即期汇率产生影响，进一步对进出口贸易产生影响。依据这一传导机制，我们采用利率变量替代汇率变量，进而来检验货币政策，特别是非对称货币政策对同一出口市场的竞争性贸易的影响。如表5.4所示：首先，可以发现利率变量（rate）将提升其在美国市场的出口金额，该结论与理论模型的预测相一致。这一作用机制包括两方面，一是一国利率相对美国利率的提升将促使其远期货币贬值，又因为货币贬值促进出口增长具有时滞效应，进而从价格渠道促使其向美国出口的增加。另一方面，美国利率的相对下降，促进了经济的复苏，进而增加了其向外的进口需求，即促进了其他国家的出口。利用相对利率的变化（Δrate）以及实际利率（rrate，即扣除通货膨胀因素）的变化进行检验，发现结果依然显著。

从中间品贸易的结果来看（如表5.5所示），利率对贸易的影响方向也基本为正。这些结果充分显示，具有相对高利率的国家，其对美国出口的增长也相对较高。其中的主要机制是高利率国家的货币往往存在实际的低估（具体联系渠道可以通过国家套利活动建立），因而在长期（国际套利活动的一年时间即意味着长期或远期，在这一时间里，远期汇率会对利率差异做出反应）中会促进出口增长。

表 5.4　　利率变化对最终品贸易的影响模型

变量	lnfm		lnfm		lnfm		lnfm		lnfm	
	系数	P 值	系数	P 值	系数	P 值	系数	P 值	系数	P 值
$lnim_{us}$	0. 902 **	0	1. 043 **	0	0. 759 **	0	1. 028 **	0	1. 079 **	0
rate1	0. 015 **	(0. 012)								
rate2					0. 031 **	0				
Δrate1			0. 021 **	0						
Δrate2							0. 033 **	0		
rrate									0. 020 **	(0. 001)
lnrw	-0. 476 **	0	-0. 456 **	0	-0. 635 **	0	-0. 528 **	0	-0. 428 **	(0. 001)
lnctfp	1. 633 **	0	1. 670 **	0	1. 849 **	0	1. 854 **	0	1. 535 **	0
hc	0. 983 **	(0. 001)	0. 713 **	(0. 008)	1. 837 **	0	1. 281 **	0	0. 446 **	(0. 098)
fc	-0. 018	(0. 734)	-0. 045	(0. 389)	-0. 106 **	(0. 031)	-0. 098	(0. 039)	-0. 042	(0. 407)
open	0. 323 **	(0. 011)	0. 340 **	(0. 007)	0. 213 **	(0. 053)	0. 222	(0. 039)	0. 466 **	0
常数	-3. 214	(0. 349)	-4. 648	(0. 175)	-1. 866	(0. 549)	-5. 106	(0. 096)	-4. 759	(0. 158)
R 平方	0. 390		0. 402		0. 533		0. 552		0. 373	
F 统计量	513. 8		521. 77		544. 79		568. 1		529. 3	

注：rate1 是货币市场利率；rate2 是贷款利率。** 表示统计量显著水平设置在小于 10%。

表 5.5　　利率变化对中间品贸易的影响模型

变量	lnmm		lnmm		lnmm		lnmm		lnmm	
	系数	P 值	系数	P 值	系数	P 值	系数	P 值	系数	P 值
$lnim_{us}$	1. 580 **	0	1. 605 **	0	1. 515 **	0	1. 614 **	0	1. 591 **	0
rate1	-0. 002	(0. 707)								
rate2					0. 008 **	(0. 049)				
Δrate1			0. 005	(0. 272)						
Δrate2							0. 015 **	0		
rrate									0. 005	(0. 404)
lnrw	-0. 210 **	(0. 067)	-0. 218 **	(0. 055)	-0. 292 **	(0. 003)	-0. 267 **	(0. 005)	-0. 225 **	(0. 055)
lnctfp	1. 218 **	0	1. 257 **	0	1. 362 **	0	1. 424 **	0	1. 181 **	0
hc	0. 912 **	0	0. 952 **	0	1. 617 **	0	1. 505 **	0	0. 821 **	(0. 001)
fc	0. 099 **	(0. 032)	0. 085 **	(0. 070)	0. 037	(0. 371)	0. 029	(0. 474)	0. 081 **	(0. 075)
open	0. 194 **	(0. 088)	0. 217 **	(0. 055)	-0. 025	(0. 785)	-0. 008	(0. 926)	0. 307 **	(0. 007)
常数	-15. 428 **	0	-15. 855 **	0	-15. 524 **	0	-16. 870 **	0	-15. 246 **	0
R 平方	0. 540		0. 541		0. 681		0. 691		0. 532	

注：rate1 是货币市场利率；rate2 是贷款利率。** 表示统计量显著水平设置在小于 10%。

（5）为了进一步考察对不同行业的影响效应，我们对各个国家向美国出口的第一、第二和第三产业的产品金额进行回归，结果如表 5.6 所示：第一，滞后一阶的汇率变化与出口到美国的三个产业的最终产品金额呈现正向比例关系，表明外国货币贬值能够促进其向美国的出口，经典的汇率价格传导机制仍然存在，不过只有第二产业的回归变量显著，这表明在控制其他变量的条件下，汇率贬值仅能明显地促进第二产业对美出口金额增加。第一产业的回归方程的拟合程度非常低，其 R 平方仅为 0.074。原因可能来自多方面：许多国家第一、第三产业的产品在美国的竞争力并不强，或者价格及汇率变量并不是影响这些行业产品出口的绝对或主要因素。只有工业制造品，这一类加工行业的产品才较容易受到汇率及其价格机制的影响。另外，与第二产业不同，在第三产业的出口竞争力影响因素中，人力资本变量是显著的，这也符合第三产业以劳动者素质为核心要素的产业特征。由于全球化趋势的影响，第二产业出现了很多加工贸易，特别是发展中国家向美国出口的加工产品，因此，影响第二产业出口的并不仅仅是人力资本，而主要是工资水平差异和生产率水平差异，这两个变量在模型中是显著的。

表 5.6　汇率变化对第一、二、三产业最终产品贸易的影响模型

变量	lnffi		lnfsi		lnfti	
	系数	P 值	系数	P 值	系数	P 值
$lnim_{us}$	0.836 **	(0.022)	1.025 **	0	0.734 **	0
l. xrg	0.483	(0.233)	0.417 **	(0.017)	0.213	(0.318)
lnrw	0.457	(0.141)	−0.296 **	(0.026)	−0.314 **	(0.054)
lnctfp	1.018 **	(0.029)	1.532 **	0	1.069 **	0
hc	1.553 **	(0.008)	0.148	(0.552)	1.297 **	0
fc	−0.024	(0.820)	0.012	(0.784)	0.085	(0.123)
open	−0.018	(0.948)	0.355 **	(0.003)	0.481 **	(0.001)

续表

变量	lnffi		lnfsi		lnfti	
	系数	P 值	系数	P 值	系数	P 值
exs	3.85E－7	(0.365)	5.28E－7**	(0.004)	5.6E－7**	(0.012)
常数	－19.686**	(0.007)	－4.749	(0.125)	－5.799	(0.127)
R 平方	0.074		0.332		0.298	
F 统计量	127.3		519.6		238.9	

注：** 表示统计量显著水平设置在小于 10%。

在汇率变化对第一、第二、第三产业中间品贸易的回归中，只有第三产业的模型的所有变量都显著（如表 5.7 所示）。这进一步证实了全球价值链的引入（主要在第二产业）在一定程度上削弱了传统的汇率对贸易的影响传导机制。从当前发展来看，第二产业的全球化水平远高于第一和第三产业，而这种价值链贸易使得汇率变化及其价格影响效应并不在贸易决定中占主导因素。相反，第三产业仍在一定程度上受到汇率变化及其价格效应的影响。

表 5.7　汇率变化对第一、第二、第三产业中间品贸易的影响模型

变量	lnmfi		lnmsi		lnmti	
	系数	P 值	系数	P 值	系数	P 值
$lnim_{us}$	1.486**	0	1.654**	0	1.180**	0
l. xrg	0.235	(0.240)	－0.145	(0.338)	0.367**	(0.027)
lnrw	－0.036	(0.812)	0.031	(0.791)	－0.364**	(0.004)
lnctfp	1.257**	0	1.052**	0	1.520**	0
hc	1.383**	0	0.231	(0.288)	1.456**	0
fc	0.229**	0	0.049	(0.211)	0.120**	(0.005)
open	0.318**	(0.021)	0.293**	(0.005)	0.276**	(0.016)
exs	5.88E－7**	(0.005)	6.04E－7**	0	5.5E－7**	(0.002)

续表

变量	lnmfi		lnmsi		lnmti	
	系数	P 值	系数	P 值	系数	P 值
常数	-21.624 **	0	-17.788 **	0	-10.598 **	0
R 平方	0.431		0.476		0.518	
F 统计量	306.6		484.8		372.1	

注：** 表示统计量显著水平设置在小于 10%。

（6）最后，我们采用利率变量来衡量货币政策，并替代汇率变量，考察其对三个产业进出口贸易的影响力。在对最终产品出口贸易的回归中，计量结果显示利率变量对各国向美国出口贸易量影响显著（如表 5.8 所示）。这一方面表明，货币政策通过利率、通过汇率对竞争性贸易的影响机制存在，另一方面其正向关系显示利率相对高的国家的货币存在货币的低估，进而促进了贸易增长，而利率与汇率之间的联系正是建立在国际资本套利原理上的，这一传导机制也显示出国际投资与国际贸易之间存在紧密联系。

表 5.8　　利率变化对第一、二、三产业最终产品贸易的影响模型

变量	lnffi		lnfsi		lnfti	
	系数	P 值	系数	P 值	系数	P 值
$lnim_{us}$	0.418	(0.204)	1.006 **	0	0.761	0
Δrate2	0.038 **	0	0.031 **	0	0.013 **	(0.027)
lnrw	-0.086	(0.703)	-0.490 **	0	-0.528 **	0
lnctfp	0.877 **	(0.016)	2.054 **	0	1.309 **	0
hc	2.310 **	0	1.106 **	0	2.067 **	0
fc	-0.100	(0.291)	-0.091 **	(0.078)	-0.014	(0.810)
open	0.483 **	(0.026)	0.051	(0.665)	0.400 **	(0.004)
exs	2.44E-7	(0.397)	2.14E-7	(0.169)	2.15E-7	(0.239)

续表

变量	lnffi		lnfsi		lnfti	
	系数	P 值	系数	P 值	系数	P 值
常数	-10.409 **	(0.094)	-4.751	(0.156)	-6.093	(0.120)
R 平方	0.188		0.498		0.499	
F 统计量	150.0		399.9		239.0	

注：** 表示统计量显著水平设置在小于 10%。

在对三个产业的中间品贸易的回归结果中（如表 5.9 所示），其结论与前述一样，具有显著的全球价值链特征的第二产业的中间品贸易回归模型中利率变量不显著，这表明全球价值链贸易确实在一定程度上削弱了货币政策、利率以及汇率对中间品贸易的影响。

表 5.9　利率变化对第一、第二、第三产业中间品贸易的影响模型

变量	lnmfi		lnmsi		lnmti	
	系数	P 值	系数	P 值	系数	P 值
$lnim_{us}$	1.578 **	0	1.675 **	0	1.335 **	0
Δrate2	0.025 **	0	0.006	(0.109)	0.021 **	0
lnrw	-0.218	(0.117)	-0.142	(0.130)	-0.491 **	0
lnctfp	1.324 **	0	1.049 **	0	1.750 **	0
hc	2.075 **	0	0.793 **	0	2.232 **	0
fc	0.156 **	(0.008)	0.003	(0.933)	0.038	(0.404)
open	0.267 **	(0.046)	-0.029	(0.744)	0.123	(0.236)
exs	3.25E-7 **	(0.066)	5.02E-7 **	0	2.87E-7 **	(0.038)
常数	-23.021 **	0	-17.646 **	0	-13.633 **	0
R 平方	0.583		0.653		0.707	
F 统计量	256.8		565.1		37.51	

注：** 表示统计量显著水平设置在小于 10%。

第五节　小　　结

传统理论大多分析汇率对贸易的传导机制，本章更进一步，分析了货币政策对利率及长期汇率及竞争性贸易的影响机制。本章的分析有两大特点：第一个特点就是在竞争性贸易框架下，区分了不同国家在同一出口市场的出口收入大小的决定因素，将这些因素分为两大方面：一部分是基本面因素，包括竞争性出口国家的相对工资水平（决定生产成本）、生产率水平、人力资本水平、贸易联系紧密程度等基础性因素，这些因素从生产方面决定了各自对美国出口的竞争力及收入份额大小。另一部分是非对称性货币政策（各国相对美国利率的变化）引起的相对利率变动及长期汇率变动对贸易的影响。本章的理论分析表明，在越来越庞大且越来越活跃的国际资本套利活动的推动下，一国的非对称性货币政策将使得贸易双方的利率变化转变为潜在的、长期的汇率变化，进而对贸易产生长期影响。如果外国利率相对美国利率提升，那么套利均衡将使得该国货币存在长期贬值趋势，并提升其对美国的长期贸易竞争力，这种关系建立起非对称货币政策、国家投资套利与国际贸易三者的联系机制，也是新的汇率传导机制。

本章利用 41 个国家在 2000 ~ 2014 年对美国的最终产品贸易和中间品贸易的数据检验上述理论推论，结果证实了上述推论。(1) 利率对贸易的影响方向为正。高利率的国家其通货膨胀显著，并且其货币往往存在长期的低估（国际资本市场套利机制和国际费雪效应），进而在长期内促进出口增长。非对称的货币政策对汇率变化及对竞争性贸易发展存在显著影响。(2) 除了非对称货币政策影响效应之外，决定一国的长期贸易竞争力的基本面因素的计量结果与理论推测一致，即一国相对他国的工资水平越低、全要素生产率越高、人力资本越高、贸易联系程度越高越能促进该国对美出口的竞争力和出口收入。(3)与最终品贸易有所不同，特别是第二产业的中间品贸易削弱了非对称货币政策对汇率及贸易的影响机制，也即全球价值链的引入削弱了货币政策对汇率及对贸易的影响。因为在全球供应链中，汇率变化既会影响进口也会影响出口，如果一个国家出口中包含进口中间品的金额越高，汇率变化对贸易的影响就越小。因此，汇率不是中间品贸易，特别不是第二产业中间品贸易的主要决定因素，中间品贸易更多由基本面因素决定。计量结果显示，全要素生产率、人力资本、相对工资水平才是决定竞争性中间品贸易的主要因素。

本章的理论与实证研究表明：(1)明确了货币政策对贸易的其他传导机制的存在。本研究从国际资本套利活动与汇率及贸易的联系来挖掘货币政策对国际贸易的传导机制。但是，除了这一传导机制之外，还可能存在货币政策对贸易影响的另一机制，例如利率变化促进贸易可能来自“收入效应”。美国相对其他国家降低利率，刺进了经济，进而提升了国民总收入和进口额，也能表明利率与美国进口之间存在某种联系。虽然在计量分析中，我们通过引入“im_{us}”这一变量控制了这一机制影响，但是还可能存在其他影响机制。(2)将货币政策的影响效应及国际溢出渠道做了更好的细分。例如在一般均衡中，扩张性货币政策可能同时存在多个方面的影响，一方面转化为实际的国民产出增加，从货币交易性需求增加上吸收了部分增加的货币，并导致进口支出增加；另一方面转化为低利率，进而影响了汇率和进出口贸易；再就是转变为贸易引发的物价变化，进而影响了进出口贸易竞争力。三个方面都显示货币政策与贸易变化紧密联系。这也正是一国货币政策可能的国际溢出渠道，明晰了这些渠道有助于我们更好地协调不同国家之间的货币政策，处理好贸易关系。(3)国际溢出渠道或效应的发挥实际存在一些前提条件，例如汇率体制、国际资本流动管理体制等等，这些制度性条件是溢出效应充分发挥的前提条件，没有它们，上述效应不可能完全发挥。不同汇率体制和不同的资本管制下，货币政策的影响将有所区别。这一研究也表明，对于正走向市场决定汇率机制和寻求开放的国际资本流动机制的中国而言，国家与国家之间的货币政策可能通过国际资本套利等渠道将短期投资与贸易联系起来，使得货币政策的影响在开放条件下更为复杂。但是明晰这些机制有助于中国更好地制定实现内外平衡的货币政策。

第六章 结论与政策建议

第一节 结　　论

本书研究了全球新贸易态势下的汇率传导机制，利用多个国家、数万家企业的数据从宏观层面和微观层面挖掘了汇率不完全传导的调节因素，从出口企业的定价调整到与定价调整紧密相关的生产率因素、再到影响生产率调整的其他因素与实现条件，层层递进地解析了汇率不完全传导机制的形成原因及作用机理。

总体而言，本书通过第三、第四和第五章的研究回答了以下问题：即在价值链贸易迅速发展的时期，汇率与贸易的联系是否还存在？什么因素决定了汇率的不完全传递？国际间政策差异对汇率传导机制的影响是什么？本书的研究发现，在全球新竞争贸易态势下，汇率变化传导贸易的机制与传统理论预期有所不同：汇率波动对贸易的传导作用受到价值链分工、生产率、竞争替代性等变量的调节作用，因而呈现不完全传导效应；本币升值反而可以促进企业寻求中间品进口替代、加大研发以及促进生产率提升的方法来提高竞争力，并提升出口增加值；同时在竞争性贸易环境下，以及汇率弹性加大和国际资本项目开放的条件下，也要求贸易国增强货币政策的国际协调能力，降低汇率的过度波动，稳定贸易发展。

具体而言：

（1）在第三章中，本书区分了贸易竞争力的结构性决定因素和价格因素，通过这些因素的有效分离，较为准确、合理地考察汇率波动对进、出口价格的传递效应以及贸易量的影响效应。本书利用 WIOD 数据库中的投入产出数据计算了全球 43 个主要经济体 57 个细分产业在 2000～2014 年的出口增加值，并结合 PWT 数据检验了汇率波动对一般贸易以及加工贸易、出口增加值贸易的影响。实证结果显示：一是汇率波动对进出口价格以及进出口量、出口增加值都产生显著影响。这表明在全球价值链中，汇率对贸易的传导影响机制依然存在。二是实际汇率变动、TFP 增长与出口增加值增长三者之间存在显著关联。当同时引入实际汇率变量与 TFP 变量时，前者对出口贸易及出口增加值影响效应的大小和显著性下降，这表明 TFP 在汇率影响贸易的传导机制中发挥中介调节作用。三是汇率波动对一般进出口贸易的传导效应集中在短期，对出口增加值贸易则具有较长的影响效应，这也是全球价值链下的传导机制不同于传统贸易传导机制的特点之一。

（2）在第四章，本书以竞争性贸易为基础、企业生产率为调节变量构建了汇率传导的微观作用模型，分析了汇率波动对异质性企业出口收入、出口生产率临界点变化（静态选择效应）的影响以及可能存在的生产率倒逼效应（动态效应）。理论分析显示，当控制企业外生的生产率不变时，出口国的货币升值会迫使出口企业的产品定价提升，进而削弱了出口竞争力，降低了出口收益，这是一条传统的汇率完全传导机制。但是，汇率波动也会改变异质性企业的生产率分布，并通过动态的倒逼效应提升企业的生产率水平，进而使得汇率对出口贸易的负面冲击得到扭转。因此通过企业生产率的调节作用，汇率对贸易的传导机制是不完全的。模型进一步论证，动态的调节作用的发挥还与产品市场的竞争替代弹性以及企业的研发投入等变量相关。

研究利用中国工业企业与海关匹配的数据进行了理论的检验，使用了近8万个工业企业的样本，时间跨度为2001～2007年。实证结果显示：人民币升值与出口值增长的回归系数为“0.024”，两者具有正向关系。在引入汇率变化与TFP变量的交叉项的回归模型中，计量结果显示，其系数为“－0.015”，它会降低了汇率波动对出口值的影响，而且TFP越高的企业，其使得一定汇率对出口值的影响的弱化效应越大。汇率变量与产品市场竞争替代性变量的交叉系数为“0.002”。产品竞争替代性也是调节汇率对出口贸易量传导机制的重要变量之一。这一研究既深入探讨了竞争性贸易条件下的汇率传导机制，也探寻了汇率波动促进出口企业贸易发展转型的现实条件。

（3）在第五章，本书的研究以贸易伙伴、贸易竞争对手之间的非对称货币政策为切入点，考察国际间宏观政策差异对汇率传导及贸易竞争格局的影响。理论分析拓展了汇率传导机制研究的链条，将货币政策引入竞争性贸易中的汇率传导机制分析中，区分了影响贸易竞争力的结构性因素与货币政策因素，更加合理准确地评估了国际货币政策的溢出效应，为政策协调与应对措施的制定提供了理论依据。实证研究利用了41个国家在2000～2014年对美国的最终产品贸易和中间品贸易数据检验上述理论推论，在控制了包括贸易国的工资水平、全要素生产率、人力资本水平、贸易联系程度等变量之后，计量结果显示：在国际资本市场套利活动和国际费雪效应作用下，相对利率提升的国家的货币在长期中存在贬值趋势，并提升了它们对美国的出口收入。非对称的货币政策对汇率变化及对竞争性贸易发展存在显著影响。包括工资水平、全要素生产率、人力资本水平等在内的基本面因素也是决定竞争性贸易中出口相对收入的重要变量。另外，与最终品贸易有所不同，第二产业的中间品贸易在一定程度上削弱了非对称货币政策对汇率及贸易的影响机制。

第二节　政策建议

本书将我国汇率形成机制改革与贸易转型两个重大主题联系起来，依据理论推论和实证分析结果，我们可以提出以下政策建议。

一、增强人民币汇率弹性提升企业应对外部冲击韧性

与第三章研究结论对应，本书提出推进人民币汇率形成机制改革、增强人民币汇率弹性的建议。

本书第三章的实证结果显示：43 个经济体在 2000 ~ 2014 年的实际汇率升值并没有对它们的出口贸易发展形成较大负面冲击，反而与出口增加值占 GDP 比例、出口增加值占总出口比例呈现正向关系。出口增加值又是当前很多国家和地区重视的指标，它能在一定程度上反映一国在全球价值链中的地位。

这一结果与传统理论的预期有所不同，其原因有两点：一是与传统理论不同，全球价值链赋予了不同贸易主体之间的不同关系属性。传统理论认为，本币升值将削弱出口竞争力，出口额将下降。但是在全球价值链中，本币升值也可以降低中间品的进口成本，进而提升出口产品的竞争力，提升出口贸易值。因而，在既有出口又有进口的价值链贸易中，汇率波动对贸易冲击的效应有所复杂，也存在部分弱化。二是汇率波动冲击也会引起出口企业的生产变量调整，进而改变汇率传导机制。传统汇率传导理论是建立在汇率对价格的完全传导的基础上，其最根本是建立在完全竞争理论基础上。但是在实际贸易中，市场结构多以不完全竞争为主，出口企业可以通过改变产品质量、生产率等变量调节汇率的不利冲击，在一定情形下，还会倒逼提升企业的出口竞争力，进而提高出口增加值比例。从

理论上而言，生产率、创新等贸易转型变量是汇率波动及传导机制中的一个内生变量，它可以调节汇率对贸易的传导作用，从而使得汇率对贸易的影响不同于传统的理论预期。

因此，从前述研究结果，本研究认为我国可以建立更为灵活、富有弹性的汇率形成机制，而不必担心人民币汇率波动频繁对出口企业的不利影响，反而会增强出口企业应对外部冲击的韧性。一方面决定和影响当前全球贸易竞争力的因素绝大多数是基本面因素，包括企业生产率水平、劳动力成本、人力资本、技术进步和贸易壁垒等因素。我国的贸易转型的根本也在于企业将出口发展建立在这些基础因素上，汇率波动会促使企业不断自我调整，通过创新等途径增强竞争力基础。另一方面，更富有弹性的汇率形成机制会促成出口企业形成对汇率波动的良好预期，使得企业早日通过经营决策调整来适应和抵消汇率的不利冲击，主动规避汇率波动风险。上述应对方法从根本上而言也与我国贸易转型目标相一致。

另外，更富有弹性的人民币汇率形成机制也能更准确地反映经济基本面和市场变化情况，有助于人民币国际化，促使更多的企业使用人民币结算，有助于稳固我国与这些国家的贸易关系。

二、提升出口产品市场替代性促进汇率波动倒逼贸易企业转型

本书第四章的一个基本结论是：出口产品的竞争替代性是决定汇率对企业的不同传导机制的关键性因素。一方面，不利的汇率冲击会促使低生产率企业退出出口市场，另一方面，在产品替代弹性较大的情形下，还会倒逼高生产率企业寻求加大研发来增强竞争力。但是，如果产品替代弹性较小，或面临市场竞争阻隔，那么不利的汇率冲击也会促使一些有潜力的企业退出出口市场，加大了贸易波动。因为在市场竞争阻隔的情形下，即使企业加大创新，也很难获得补偿，陷入“企业不创新等死，创新会死得更快”的困境。

要促使汇率波动倒逼贸易转型机制发挥作用，需要做好两个方面的工作：一是通过一定的产业政策引导出口企业加大创新投入力度，积极转型。实际上，国际市场中的产品替代弹性也是可以改变的，通过产品质量创新和技术提升，可以增强产品之间的替代弹性，提高我国企业的市场控制力。不过，企业在转型升级方面仍会遇到很多市场障碍、资金障碍和技术障碍，特别是一些有发展潜力，但目前比较薄弱的企业，不利的冲击有可能迫使它们退出出口市场。这也要求我国在增强人民币汇率弹性的同时，给予出口企业一定的财税优惠支持，促使它们克服转型门槛与障碍，积极提升产品竞争力。另外，在全球价值链贸易条件下，也要鼓励我国出口企业多寻求自主创新或国内供应以替代外国进口中间品，降低中间品成本。

二是提升国际出口市场的竞争弹性，坚决抵制贸易保护主义。我国政府要大力倡导开放、公平竞争的世界贸易市场，消除各种贸易壁垒，反对各种贸易保护主义和不公平贸易措施。一方面，当这一开放、竞争有效的市场竞争环境形成之后，出口企业会更多地寻求创新方式来增强竞争力和产品替代性，自我适应汇率的不利冲击影响。另一方面，正如研究第四章的模型推论显示，市场需求规模变量也是调节和降低汇率不利冲击的一个重要因素。而开放的国际贸易市场有助于扩大对我国产品需求的规模，提高我国出口企业应对汇率波动的弹性，为企业带来更大的外部市场发展空间。

三、增强货币政策国际协调能力促进贸易平稳发展

首先，长期以来，为了维持人民币汇率的基本稳定，中国人民银行不得不被动买入外汇市场上因巨额贸易顺差获得的外汇，同时投放人民币。这使得我国人民币货币供给和货币政策具有很强的被动性，不能起到主动调节宏观经济，促进转型升级的作用。

其次，在我国人民币汇率弹性以及资本项目开放程度加大之后，也要求我国增强货币政策弹性，以抵消国外不利货币政策的冲击。开放的国际资本市场以及灵活的汇率形成机制必然强化货币政策的传导性。如果此时我国的货币政策仍缺乏足够的弹性，其本身会加大人民币汇率的过度波动，进而对我国进出口贸易也带来很大的冲击。

最后，随着国际经济联系紧密程度的提高，以及各种因素作用（例如国际资本市场流动、贸易保护主义）的复杂化，政策不确定性成为市场关注的重点，并对汇率波动及贸易发展产生重要影响。少数国家可能采用竞争性的货币政策，促使其货币竞争性贬值，并对国际经济长期稳定增长造成伤害。

当我国汇率不再由政府管理制定时，人民币汇率变化将更多由贸易伙伴及贸易竞争对手之间的货币利差决定，而贸易发展也会受到频繁且过度波动的汇率影响。本书的第五章显示，影响一国出口贸易收入增长的因素，除了一些基本面因素外，也有来自货币政策的因素。货币政策通过购买力平价、利率平价以及影响国内外需求等渠道对多个贸易主体的进出口额产生重要影响。货币政策的溢出效应取决于冲击的性质以及与冲击来源经济体的联系紧密性。简而言之，即汇率波动不仅表现出对进出口商品价格、对出口贸易的传递效应，也体现了国际间政策溢出效应。

因此，我国应改变自 2010 年以来一直实施的稳健货币政策，增强货币政策的弹性与协调性，提升货币政策操作空间。一方面，我国可以适度调整货币政策工具，改变以紧盯 M2 为主的政策工具，转向保持人民币与主要货币的利差基本稳定的政策，或者是通货膨胀目标政策，避免过度投机套利冲击人民币汇率，维护和强化国际社会持有和使用人民币的信心。另一方面，我国要采取灵活、主动的调节政策，减轻来自其他国家竞争性货币政策带来的不利冲击。人民币汇率弹性增强，并不意味着放弃对人民币汇率的有效干预，相反与市场化的人民币汇率形成机制相配合，我国应采用更为积极、灵活的协调政策与干预，以消除贸易伙伴以及贸易竞争对手的宏观政策带来的不利溢出效应和人民币汇率的过度波动，包括外汇流动管理措施、汇率市场干预措施和贸易促进措施等，这一系列组合措施的实施，有助于降低汇率的波动性，减轻不利冲击影响。

参考文献

［1］巴勃罗·德鲁克，尼古拉斯·马古德，罗德里戈·马里斯卡尔．美元升值的间接伤害［R］．金融与发展（IMF），2015（12）：52－55.

［2］曹伟，申宇．人民币汇率传递、行业进口价格与通货膨胀：1996～2011［J］．金融研究，2013（10）：68－80.

［3］曹伟．依市定价与汇率传递不完全：发展历史与研究进展评述［J］．世界经济，2016，39（9）：53－73.

［4］陈磊，侯鹏．量化宽松、流动性溢出与新兴市场通货膨胀［J］．财经科学，2011（10）：48－56.

［5］陈晓珊，袁申国．汇率“急跌缓升”与企业生存能力——基于人民币“新常态”与异质性视角的实证研究［J］．国际贸易问题，2016（6）：155－166.

［6］陈学彬，李世刚，芦东．中国出口汇率传递率和盯市能力的实证研究［J］．经济研究，2007（12）：106－117.

［7］成蓉，程惠芳．汇率传导微观机制与出口企业转型策略研究［J］．财经论丛，2019（3）：11－19.

［8］成蓉，程惠芳．中印贸易关系：竞争或互补——基于商品贸易与服务贸易的全视角分析［J］．国际贸易问题，2011（6）：85－94.

［9］成蓉．竞争性贸易的决定因素及货币政策传导效应分析［J］．统计与决策，2019，35（23）：165－168.

［10］程惠芳，成蓉．全球价值链中的汇率价格传递效应、生产率调节效应与贸易增长——基于 WIOD 和 PWT 匹配数据的研究［J］．国际贸易问题，2018（5）：78－91.

［11］崔凡，邓兴华．异质性企业贸易理论的发展综述［J］．世界经济，2014（6）：138－160.

［12］丹俊霖，靳毓．我国出口商品价格汇率传递效应及其变动趋势研究［J］．财会通讯，2015（18）：124－128.

［13］邓小华，李占风．汇率变动对我国贸易收支影响研究——基于向量自回归模型分析［J］．经济学动态，2014（7）：12－22.

［14］范祚军，陆晓琴．人民币汇率变动对中国—东盟的贸易效应的实证检验［J］．国际贸易问题，2013（9）：164－176.

［15］符大海，张莹，卢伟．人民币汇率对国内物价传递效应的再估计：基于中国省级面板的证据［J］．宏观经济研究，2017（1）：82－96.

［16］盖静．人民币汇率向国内价格的传递系数大小、变动趋势及启示——基于汇改后数据的 VAR 模型分析［J］．上海金融，2017（4）：18－26.

［17］谷宇，高铁梅．人民币汇率波动性对中国进出口影响的分析［J］．世界经济，2007（10）：49－57.

［18］管涛．浮动汇率安排与通货紧缩传染［J］．国际金融研究，2004a（4）：27－32.

［19］管涛．固定汇率安排与通货紧缩的国际传染［J］．金融研究，2004b（8）：44－50.

［20］韩大平，吴洪．人民币汇率波动对异质性企业出口影响分析［J］．首都经济贸易大学学报，2014，16（1）：58－63.

［21］韩青．汇率波动与国际贸易量的不确定性关系——基于中国的经验证据［J］．经济学：季刊，2010，9（1）：61－80.

［22］何哲，孙林岩，刘旭园．汇率变动对中国制造各行业出口的

影响——基于调节变量的实证研究［J］. 科学学研究，2009，27（2）：209－213.

［23］赫尔曼卡·米尔，杰瑞米·祖克. 失而复得［R］. 金融与发展（IMF），2013（3）：48－51.

［24］胡冬梅，郑尊信，潘世明. 汇率传递与出口商品价格决定：基于深圳港2000—2008年高度分解面板数据的经验分析［J］. 世界经济，2010（6）：45－59.

［25］黄满盈，高志存. 人民币汇率水平变动和波动对中美出口价格的传递效应研究［J］. 统计研究，2012，29（2）：10－20.

［26］黄小兵. 异质企业、汇率波动与出口——基于中国企业的实证研究［J］. 国际金融研究，2011（10）：47－54.

［27］黄益平. 债务风险、量化宽松与中国通胀前景［J］. 国际经济评论，2011（1）：32－39.

［28］黄志刚. 加工贸易经济中的汇率传递：一个DSGE模型分析［J］. 金融研究，2009（11）：32－48.

［29］金成晓，朱培金，朱亚莉. 汇率变动对价格水平的非线性传导效应——基于LSTAR模型的计量研究［J］. 软科学，2013，27（3）：121－124.

［30］李翀. 论美国量化宽松的货币政策及其效应［J］. 学术研究，2011（2）：67－71.

［31］李宏彬，马弘，熊艳艳，等. 人民币汇率对企业进出口贸易的影响——来自中国企业的实证研究［J］. 金融研究，2011（2）：1－16.

［32］李颖，栾培强. 人民币汇率传导效果与传导机制分析［M］. 北京：经济科学出版社，2010.

［33］李颖. 人民币汇率变动对进口价格传导效应的实证研究［J］. 经济评论，2008（5）：77－85.

［34］李自磊，张云. 美国量化宽松政策是否影响了中国的通货膨

胀？——基于SVAR模型的实证研究［J］. 国际金融研究，2013（8）：13－21.

［35］廖泽芳，李婷. 汇率传递异质性对中美贸易失衡的解释［J］. 世界经济研究，2017（7）：88－98.

［36］林声强. 汇率变动，汇率传递和企业行为研究［D］. 博士学位研究，上海：复旦大学经济学院，2009.

［37］刘亚，李伟平，杨宇俊. 人民币汇率变动对我国通货膨胀的影响：汇率传递视角的研究［J］. 金融研究，2008（3）：28－41.

［38］刘尧成，周继忠，徐晓萍. 人民币汇率变动对我国贸易差额的动态影响［J］. 经济研究，2010（5）：32－40.

［39］娄伶俐. 人民币升值对出口企业技术进步的作用区间分析——基于调研结果的理论分析［J］. 产业经济研究，2008（4）：44－51.

［40］卢向前，戴国强. 人民币实际汇率波动对我国进出口的影响：1994—2003［J］. 经济研究，2005（5）：31－39.

［41］鲁晓东，连玉君. 中国工业企业全要素生产率估计：1999—2007［J］. 经济学：季刊，2012，11（2）：541－558.

［42］逯宇铎，宋倩倩，陈阵. 汇率变动对中国企业全球价值链嵌入程度的影响——基于中国电子及通信设备制造业的实证研究［J］. 国际经贸探索，2017（6）：69－84.

［43］马君潞，王博，杨新铭. 人民币汇率变动对我国出口贸易结构的影响研究——基于SITC标准产业数据的实证分析［J］. 国际金融研究，2010（12）：21－28.

［44］马克·斯通，藤田健治，石太郎. 是否非常规资产负债表政策应当加入到中央银行的政策工具箱中？一个对目前为止经验的评估［J］. IMF Working Paper，2011（6）.

［45］倪得兵，范建昌，唐小我. 需求风险和汇率风险在供应链中的传导分析［J］. 管理工程学报，2013，27（1）：49－55.

[46] 倪得兵，梁旭晫，唐小我．相关双边汇率波动与供应链中汇率风险传导［J］．管理科学学报，2015，18（10）：1－13.

[47] 倪克勤，曹伟．人民币汇率变动的不完全传递研究：理论及实证［J］．金融研究，2009（6）：44－59.

[48] 潘长春．人民币汇率变动的价格传递效应——基于 TVP－SV－VAR 模型的实证检验［J］．国际贸易问题，2017（4）：141－152.

[49] 潘成夫．量化宽松货币政策的理论、实践与影响［J］．国际金融研究，2009，9（8）：4－9.

[50] 冉光和，李涛，胡菁芯．国外出口商定价能力与汇率传递方向［J］．国际贸易问题，2016（2）：156－166.

[51] 任永磊，李荣林，高越．人民币汇率与全球价值链嵌入度提升——来自中国企业的实证研究［J］．国际贸易问题，2017（4）：129－140.

[52] 沈国兵．美元弱势调整对中美双边贸易的影响［J］．经济研究，2015（4）：77－91.

[53] 施建淮，傅雄广，许伟．人民币汇率变动对我国价格水平的传递［J］．经济研究，2008（7）：52－64.

[54] 施建淮，傅雄广．汇率传递理研究文献综述［J］．世界经济，2010（5）：3－26.

[55] 苏海峰，陈浪南．人民币汇率变动对中国贸易收支时变性影响的实证研究——基于半参数函数化系数模型［J］．国际金融研究，2014（2）：43－52.

[56] 苏振东，逯宇铎．人民币实际汇率与中国进出口贸易结构变迁（1997－2007 年）——基于多种模型的动态分析［J］．数量经济技术经济研究，2010（5）：3－19.

[57] 孙浦阳，张靖佳，高恺琳．量化宽松政策对于企业出口价格的影响研究——基于微观数据的理论与实证研究［J］．管理世界，2016

(11): 53 - 64.

[58] 唐安宝，刁心柯. 人民币汇率变动的货币供给效应及其传递机制研究 [J]. 南方金融，2012 (6): 13 - 17.

[59] 田涛，陈鹏，商文斌. 人民币汇率变动、异质性传导与出口贸易结构——基于 SITC 标准产业数据的实证分析 [J]. 上海金融，2014 (4): 10 - 17.

[60] 田涛，商文斌，陈鹏. 美国量化宽松货币政策对人民币汇率的影响——基于 ARIMAX 模型的实证分析 [J]. 贵州财经大学学报，2015 (2): 1 - 11.

[61] 王晋斌，李南. 中国汇率传递效应的实证分析 [J]. 经济研究，2009 (4): 17 - 27.

[62] 王胜. 国际货币、汇率传递与货币政策 [J]. 金融研究，2015 (3): 18 - 35.

[63] 王胜，李睿君. 国际价格竞争与人民币汇率传递的实证研究 [J]. 金融研究，2009 (5): 9 - 21.

[64] 王胜，廖曦. 人民币国际化与最优货币政策——基于汇率传递视角的分析 [J]. 经济评论，2017 (6): 122 - 134.

[65] 王胜，孙一腾. 汇率传递与货币政策工具选择——基于开放经济的 DSGE 模型 [J]. 中国地质大学学报 (社会科学版)，2017 (3): 128 - 140.

[66] 王胜，田涛. 人民币汇率变动的不完全传递——基于非对称视角 [J]. 上海金融，2013 (9): 61 - 65 + 119.

[67] 王树同，刘明学，栾雪剑. 美联储“量化宽松”货币政策的原因、影响与启示 [J]. 国际金融研究，2009 (11): 39 - 44.

[68] 王喜文，江道辉. 日本利用汇率波动鼓励企业“走出去”对我国的启示 [R]. 中国经济网，2013 (7).

[69] 王雅琦，戴觅，徐建炜. 汇率、产品质量与出口价格 [J]. 世

界经济，2015（5）：17－35.

［70］卫瑞，张文城，张少军．全球价值链视角下中国增加值出口及其影响因素［J］．数量经济技术经济研究，2015（7）：3－20.

［71］吴志明，郭予锴．汇率制度改革前后人民币汇率传递效应研究——以2005年7月汇率制度改革为界［J］．经济评论，2010（2）：120－127.

［72］向训勇，陈婷，陈飞翔．进口中间投入、企业生产率与人民币汇率传递——基于我国出口企业微观数据的实证研究［J］．金融研究，2016（9）.

［73］项后军，许磊．汇率传递与通货膨胀之间的关系存在中国的"本土特征"吗？［J］．金融研究，2011（11）：74－87.

［74］肖奎喜，廖文秀．人民币汇率、出口贸易结构与中美贸易收支——基于SITC标准产业数据的实证分析［J］．国际经贸探索，2012（12）：60－72.

［75］肖文，潘家栋．人民币汇率变动对出口价格的传递效应——基于供需渠道视角的研究［J］．社会科学战线，2017（6）：77－85.

［76］邢予青．加工贸易、汇率和中国的双边贸易平衡［J］．金融研究，2012（2）：18－29.

［77］熊广勤，周文锋．汇率升值对跨国公司研发投资的影响及其传导机制研究［J］．宏观经济研究，2016（1）：101－108.

［78］徐久香，方齐云．基于非竞争型投入产出表的我国出口增加值核算［J］．国际贸易问题，2013（11）：34－44.

［79］徐奇渊．人民币汇率对CPI的传递效应分析［J］．管理世界，2012（1）：59－66.

［80］许家云，毛其淋．人民币汇率水平与出口企业加成率——以中国制造业企业为例［J］．财经研究，2016，42（1）：103－112.

［81］许家云，田朔．人民币汇率与中国出口企业加成率：基于倍差

法的实证分析 [J]. 国际贸易问题，2016 (2)：145－155.

[82] 许家云，佟家栋，毛其淋. 人民币汇率变动、产品排序与多产品企业的出口行为——以中国制造业企业为例 [J]. 管理世界，2015 (2)：17－31.

[83] 许家云，佟家栋，毛其淋. 人民币汇率、产品质量与企业出口行为——中国制造业企业层面的实证研究 [J]. 金融研究，2015 (3)：1－17.

[84] 许家云，佟家栋，毛其淋. 人民币汇率与企业生产率变动——来自中国的经验证据 [J]. 金融研究，2015 (10)：1－16.

[85] 杨凯文，臧日宏. 人民币汇率波动对我国国际贸易的传导效应 [J]. 财经问题研究，2015 (2)：123－128.

[86] 杨盼盼，徐建炜. 实际汇率的概念、测度及影响因素研究：文献综述 [J]. 世界经济，2011 (9)：66－94.

[87] 杨子晖，李广众，张宁. 通胀国际传递的动态关系研究——兼论中国汇率的“通胀屏蔽功能” [J]. 金融研究，2016 (6)：1－17.

[88] 叶永刚，胡利琴，黄斌. 人民币实际有效汇率和对外贸易收支的关系——中美和中日双边贸易收支的实证研究 [J]. 金融研究，2006 (4)：1－11.

[89] 于津平，吴小康，熊俊. 双边实际汇率、出口规模与出口质量 [J]. 世界经济研究，2014 (10)：47－52.

[90] 于友伟. 汇率变化与贸易平衡——基于中国与亚太主要贸易体的研究 [J]. 国际贸易问题，2011 (7)：154－160.

[91] 余娟娟，林玲. 垂直专业化分工与人民币汇率出口传递效应 [J]. 投资研究，2013 (7)：24－35.

[92] 余淼杰. 中国的贸易自由化与制造业企业生产率 [J]. 经济研究，2010 (12)：97－110.

[93] 曾利飞. 全球供应竞争下汇率传递效应研究 [J]. 世界经济研

究，2016（3）：25-35.

［94］曾铮，张亚斌．人民币实际汇率升值与中国出口商品结构调整［J］．世界经济，2007，30（5）：16-24.

［95］张斌．人民币真实汇率：概念、测量与解析［J］．经济学：季刊，2005，4（1）：317-334.

［96］张伯伟，田朔．汇率波动对出口贸易的非线性影响——基于国别面板数据的研究［J］．国际贸易问题，2014（6）：131-139.

［97］张海波，陈红．不同阶段人民币汇率的价格传导机制分析［J］．统计研究，2011，28（9）：104-107.

［98］张辉，黄泽华．我国货币政策的汇率传导机制研究［J］．经济学动态，2011（8）：53-57.

［99］张会清，唐海燕．人民币升值、企业行为与出口贸易［J］．管理世界，2012（12）：23-45.

［100］张建清，蒋坦．汇率波动、汇率传递与贸易条件［J］．世界经济研究，2015（5）：3-12.

［101］张晶晶，刘凌．美国货币政策对中国汇率和利率传导的实证研究［J］．上海金融，2014（1）：52-56.

［102］张靖佳，孙浦阳，刘澜飚．量化宽松政策、财富效应与企业出口［J］．经济研究，2015（12）：158-172.

［103］张礼卿．量化宽松Ⅱ冲击和中国的政策选择［J］．国际经济评论，2011（1）：50-56.

［104］张茜．汇率传递异质性研究——基于中韩产业内贸易的视角［J］．中国社会科学院研究生院学报，2017（3）：31-37.

［105］张涛，严肃，陈体标．汇率波动对企业生产率的影响——基于中国工业企业数据的实证分析［J］．华东师范大学学报（哲学社会科学版），2015，47（3）：110-118.

［106］张天顶，宋一平．生产率差异、定价决策与企业层面的汇率传

递效应［J］. 世界经济研究，2017（10）：25－33.

［107］张欣，孙刚．汇率变动、生产率异质性与出口企业盈利能力研究——基于701家上市公司的实证检验［J］. 国际金融研究，2014（10）：43－52.

［108］张兴华，罗彪．人民币汇率对物价的不完全传导［J］. 系统工程理论与实践，2017，37（10）：2512－2526.

［109］张中元，张茜．产业内贸易对汇率传递的影响——基于中日两国双边细分商品贸易数据的实证分析［J］. 上海经济研究，2016（3）：52－60.

［110］郑丹青，于津平．中国出口贸易增加值的微观核算及影响因素研究［J］. 国际贸易问题，2014（8）：3－13.

［111］周忻．汇率政策与利率水平传导机制的研究——基于抵补利率平价模型的实证分析［J］. 特区经济，2011（2）：88－90.

［112］祝坤福，陈锡康，杨翠红．中国出口的国内增加值及其影响因素分析［J］. 国际经济评论，2013（4）：116－127.

［113］宗伟濠．人民币实际有效汇率变动与我国内涵式经济增长［J］. 南京财经大学学报，2013（3）：56－61.

［114］邹宏元，罗大为．人民币分行业实际有效汇率及其对我国各行业出口量的影响［J］. 数量经济技术经济研究，2014（11）：37－52.

［115］邹宏元，张杰，王挺．中国分行业的汇率传递机制——基于出口价格角度［J］. 财经科学，2017（12）：40－54.

［116］Aghion，P. Bacchetta，P. & Rancière，R. et al. Exchange Rate Volatility and Productivity Growth：The Role of Financial Development［J］. Journal of Monetary Economics，2009，56（4）：494－513.

［117］Ahmed，S. Appendino，M. A. & Ruta，M. Depreciations without Exports? Global Value Chains and the Exchange Rate Elasticity of Exports［J］. IMF Working Papers，2015，17（1）.

[118] Alessandria, G. & Kaboski, J. P. Pricing-to-Market and the Failure of Absolute PPP [J]. American Economic Journal Macroeconomics, 2011, 3 (1): 91 - 127.

[119] Amiti, M. & Itskhoki, O. & Konings, J. Importers, Exporters and Exchange Rate Disconnect [J]. The American Economic view, 2014, Vol. 104 (No. 7): 1942 - 1978.

[120] Atkeson, A. & Burstein, A. Trade Costs, Pricing-to-Market, and International Relative Prices. American Economic Review, 2008, 98 (5): 1998 - 2031.

[121] Auer, R. & Chaney, T. Exchange Rate Pass - Through in a Competitive Model of Pricing-to-Market [J]. Journal of Money Credit & Banking, 2009, 41 (Supplement s1): 151 - 175.

[122] Baak, S. J. The Bilateral Real Exchange Rates and Trade between China and the U. S. [J]. China Economic Review, 2008, 19 (2): 117 - 127.

[123] Bacchetta, P. & Van Wincoop, E. Does Exchange - Rate Stability Increase Trade and Welfare? The American Economic Review, 90 (5): 1093 - 1109.

[124] Bahmani - Oskooee, M. & Ratha, A. The J - curve: a Literature Review [J]. Applied economics, 2004, 36 (13): 1377 - 1398.

[125] Balassa, B. The Purchasing - Power Parity Doctrine: A Reappraisal [J]. Journal of Political Economy, 1964, 72 (6): 584 - 596.

[126] Baldwin, J. & Yan, B. The Death of Canadian Manufacturing Plants: Heterogeneous Responses to Changes in Tariffs and Real Exchange Rates [J]. Review of World Economics, 2011, 147 (1): 131 - 167.

[127] Batista, J. C. Competition between Brazil and Other Exporting Countries in the US Import Market: a New Extension of Constant - Market -

Shares Analysis [J]. Applied Economics, 2008, 40 (19): 2477 – 2487.

[128] Bayoumi, T. & Bui, T. T. Deconstructing the International Business Cycle: Why Does a U. S. Sneeze Give the Rest of the World a Cold? [J]. Social Science Electronic Publishing, 2010 (10).

[129] Bems, R. & Johnson, R. C. Demand for Value Added and Value – Added Exchange Rates [J]. Social Science Electronic Publishing, 2015, 15 (199): 1.

[130] Berman, N. Martin, P. & Mayer, T. How do Different Exporters React to Exchange Rate Changes? [J]. Social Science Electronic Publishing, 2012, 127 (1): 437 – 492.

[131] Bernard, A. Jensen, B. & Schott, P. Importers, Exporters and Multinationals: A Portrait of Firms in the U. S. that Trade Goods, in Producer Dynamics: New Evidence from Micro Data, NBER, 2009, pp. 513 – 552.

[132] Betts, C. M. & Kehoe, T. J. U. S. Real Exchange Rate Fluctuations and Relative Price Fluctuations [J]. Journal of Monetary Economics, 2006, 53 (7): 1297 – 1326.

[133] Burstein, A. & Eichenbaum, M. & Rebelo, S. Modeling Exchange Rate Pass Through after Large Devaluations [J]. Journal of Monetary Economics, 2007, 54 (2): 346 – 368.

[134] Burstein, A. T. Gita Gopinath. International Prices and Exchange Rates [J]. NBER Reporter, 2013 (2012): 391 – 451.

[135] Caglayan, M. & Di, J. Does Real Exchange Rate Volatility Affect Sectoral Trade Flows? [J]. Southern Economic Journal, 2010, 77 (2): 313 – 335.

[136] Campa, J. M. & Goldberg, L. S. Exchange Rate Pass-through into Import Prices [J]. Review of Economics & Statistics, 2005, 87 (4): 679 – 690.

[137] Casas, C. Díez, F. J. & Gopinath, G. et al. Dominant Currency Paradigm [R]. National Bureau of Economic Research, 2016.

[138] Chatterjee, A. Dix – Carneiro, R. & Vichyanond, J. Multi – Product Firms and Exchange Rate Fluctuations [J]. Discussion Papers, 2013, 5 (2): 77 – 110.

[139] Chen, K. Higgins, P. & Waggoner, D. F., et al. China Pro-growth Monetary Policy and Its Asymmetric Transmission [R]. Working Paper, Federal Reserve Bank of Atlanta, 2016.

[140] Chen M J, Griffoli M T M, Sahay M R. Spillovers from United States monetary policy on emerging markets: different this time? [M]. International Monetary Fund, 2014.

[141] Chen, N. & Juvenal, L. Quality, Trade, and Exchange Rate Pass – Through [J]. Journal of International Economics, 2016, 100 (42): 61 – 80.

[142] Chen, X. Cheng, L. K. & Fung, K. C. Domestic Value Added and Employment Generated by Chinese Exports: A Quantitative Estimation [J]. China Economic Review, 2012, 23 (4): 850 – 864.

[143] Dekle, R. Jeong, H. & Ryoo, H. H. Firm – Level Heterogeneity and the Aggregate Exchange Rate Effect on Exports [J]. Economic Record, 2016, 92 (298): 435 – 447.

[144] Devereux, M. B. & Yetman, J. Price Adjustment and Exchange Rate Pass-through [J]. Journal of International Money & Finance, 2010, 29 (1): 181 – 200.

[145] Dixit, AK. & Stiglitz, JE. Monopolist Competition and Optimum Product Diversity [J]. American Economic Review, 1979, 69 (5): 961 – 963.

[146] Dornbusch, R. Exchange Rates and Prices [J]. American Eco-

nomic Review, 1987, 77 (1): 93 -106.

[147] Dornbusch, R. Real Exchange Rates and Macroeconomics: A Selective Survey [J]. Scandinavian Journal of Economics, 1989, 91 (2): 401 -432.

[148] Druck, P. Magud, N. E. & Mariscal, R. Collateral Damage: Dollar Strength and Emerging Markets' Growth [J]. North American Journal of Economics & Finance, 2017.

[149] Eaton, J. Kortum, S. & Neiman, B. et al. Trade and the Global Recession [J]. American Economic Review, 2016a, 106 (11): 3401 -3438.

[150] Eaton, J. Kortum, S. & Neiman, B. Obstfeld and Rogoff? International Macro Puzzles: A Quantitative Assessment [J]. Journal of Economic Dynamics and Control, 2016b (72): 5 -23.

[151] Eichengreen, B. & Tong, H. Effects of Renminbi Appreciation on Foreign Firms: The Role of Processing Exports [J]. Journal of Development Economics, 2015, 116: 146 -157.

[152] Ekholm, K. Moxnes, A. & Ulltveit - Moe, K. H. Manufacturing Restructuring and the Role of Real Exchange Rate Shocks [J]. Journal of International Economics, 2012, 86 (1): 101 -117.

[153] Evenett, S. & Francois, J. Will Chinese Revaluation Create American Jobs? [J]. VoxEU. http://www.voxeu.org/index.php, 2010.

[154] Feenstra, R. C. Symmetric Pass-through of Tariffs and Exchange Rates under Imperfect Competition: An Empirical Test [J]. Journal of International Economics, 1989, 27 (1): 25 -45.

[155] Fung, L. & Liu, J. T. The Impact of Real Exchange Rate Movements on Firm Performance: A Case Study of Taiwanese Manufacturing Firms [J]. Japan & the World Economy, 2009, 21 (1): 85 -96.

[156] Fung, L. Baggs, J. & Beaulieu, E. Plant Scale and Exchange – Rate – Induced Productivity Growth [J]. Journal of Economics & Management Strategy, 2011, 20 (4): 1197 – 1230.

[157] Fung, L. Large Real Exchange Rate Movements, Firm Dynamics, and Productivity Growth [J]. Canadian Journal of Economics/revue Canadienne Déconomique, 2008, 41 (2): 391 – 424.

[158] Ghosha, A. & Rajanb, R. S. Exchange Rate Pass-through in Korea and Thailand: Trends and Determinants [J]. Japan & the World Economy, 2009, 21 (1): 55 – 70.

[159] Goldberg, L. & Campa, J. The Sensitivity of the CPI to Exchange Rates: Distribution Margins, Imported Inputs, and Trade Exposure [J]. Review of Economics and Statistics, 2010: 92 (2), 392 – 407.

[160] Goldberg, P. K. & Hellerstein, R. A Structural Approach to Explaining Incomplete Exchange – Rate Pass – Through and Pricing-to-Market [J]. American Economic Review, 2008, 98 (2): 423 – 429.

[161] Goldberg, P. K. & Knetter, M. M. Goods Prices and Exchange Rates: What Have We Learned? [J]. Journal of Economic Literature, 1997, 35 (3): 1243 – 1272.

[162] Gopinath, G. & Itskhoki, O. Frequency of Price Adjustment and Pass – Through [J]. Quarterly Journal of Economics, 2010, 125 (2): 675 – 727.

[163] Gopinath, G. Itskhoki, O. & Rigobon, R. Currency Choice and Exchange Rate Pass-through [C]. American Economic Review, 2007: 304 – 336 (33).

[164] Gopinath, G. The International Price System [R]. National Bureau of Economic Research, 2015.

[165] Harris, R. G. Is There a Case for Exchange Rate Induced Produc-

tivity Changes? [M]. Centre for International Economic Studies, 2001.

[166] Hassan, T. A. Mertens, T. M. & Zhang, T. Currency Manipulation [R]. National Bureau of Economic Research, 2016.

[167] Hooper, P. & Mann, C. L. Exchange Rate Pass – Through in the 1980s: The Case of U. S. Imports of Manufactures [J]. Brookings Papers on Economic Activity, 1989 (1): 297 –337.

[168] IMF. World Economic Outlook [M]. Washington, DC: International Monetary Fund, 2015: 105.

[169] Ito, T. Koibuchi, S. & Sato, K. et al. Exchange Rate Exposure and Risk Management: The Case of Japanese Exporting Firms [J]. Journal of the Japanese and International Economies, 2016, 41: 17 –29.

[170] Jeanneney, S. G. & Hua, P. How Does Real Exchange Rate Influence Labour Productivity in China? [J]. China Economic Review, 2011, 22 (4): 628 –645.

[171] Junttila, J. & Korhonen, M. The Role of Inflation Regime in the Exchange Rate Pass-through to Import Prices [J]. International Review of Economics & Finance, 2012, 24 (5): 88 –96.

[172] Kasa, K. Adjustment Costs and Pricing-to-market Theory and Evidence [J]. Journal of International Economics, 1992, 32 (1 –2): 1 –30.

[173] Kim, S. Effects of Monetary Policy Shocks on the Trade Balance in Small Open European Countries [J]. Economics Letters, 2001, 71 (2): 197 –203.

[174] Knetter, M. M. International Comparisons of Pricing-to-Market Behavior [J]. American Economic Review, 1993, 83 (3): 473 –486.

[175] Knetter, M. M. Price Discrimination by U. S. and German Exporters [J]. American Economic Review, 1989, 79 (1): 198 –210.

[176] Koopman, R. Wang, Z. & Wei, S. J. How Much of Chinese Ex-

ports is Really Made in China? Assessing Domestic Value-added When Processing Trade is Pervasive [R]. National Bureau of Economic Research, 2008.

[177] Kose, M. A. Otrok, C. & Prasad, E. How Much Decoupling? How much Converging? [J]. Finance & Development, 2008, 45 (2): 36 – 40.

[178] Krugman, P. Pricing to Market When the Exchange Rate Changes [J]. 1986, NBER Working Papers, No. 1926.

[179] Kugler, M. & Verhoogen, E. Plants and Imported Inputs: New Facts and an Interpretation [J]. American Economic Review Papers and Proceedings, 2009: 99 (2): 501 – 507.

[180] Leigh, D. Lian, W. Poplawskiribeiro, M. et al. Exchange Rates and Trade: A Disconnect? [J]. Social Science Electronic Publishing, 2017.

[181] Lerner, A. The Economics of Control [M]. The economics of control: Macmillan, 1946: 35 – 48.

[182] Leung, D. & Yuen, T. Do Exchange Rates Affect the Capital-labour Ratio? Panel Evidence from Canadian Manufacturing Industries [J]. Applied Economics 2010, 42 (20): 2519 – 2535.

[183] Li, H. Ma, H. & Xu, Y. How Do Exchange Rate Movements Affect Chinese Exports? —A Firm – Level Investigation [J]. Journal of International Economics, 2015, 97 (1): 148 – 161.

[184] Mallick, S. & Marques, H. Pricing to Market with Trade Liberalization: The Role of Market Heterogeneity and Product Differentiation in India's Exports [J]. Journal of International Money & Finance, 2012, 31 (2): 310 – 336.

[185] Marshall, A. Money, Credit and Commerce [J]. Journal of the Royal Statistical Society, 1923, 86 (3): 430 – 433.

[186] Marston, R. C. Pricing to Market in Japanese Manufacturing [J].

Journal of International Economics, 1990, 29 (3-4): 217-236.

[187] Martín, L. M. & Rodríguez, D. R. Pricing to Market at Firm Level [J]. Review of World Economics, 2004, 140 (2): 302-320.

[188] Mathy, G. P. & Meissner, C. M. Trade, Exchange Rate Regimes and Output Co-Movement: Evidence from the Great Depression [R]. National Bureau of Economic Research, 2011.

[189] Mbaye, S. Currency Undervaluation and Growth: Is There a Productivity Channel? [J]. International Economics, 2013 (133): 8-28.

[190] Melitz, M. J. Market Size, Trade, and Productivity [J]. Review of Economic Studies, 2008, 75 (1): 295-316.

[191] Melitz, M. J. The Impact of Trade on Intra-Industry Reallocations and Aggregate Industry Productivity [J]. NBER Working Papers, 2003, 71 (6): 1695-1725.

[192] Nakamura, E. & Zerom, D. Accounting for Incomplete Pass-through [J]. Review of Economic Studies, 2010: 77 (3), 1192-1230.

[193] Obstfeld, M. & Rogoff, K. The Six Major Puzzles in International Macroeconomics: Is There a Common Cause? [J]. NBER Macroeconomics Annual, 2000, 15: 339-390.

[194] Odria, L. R. M. Castillo, P. & Rodriguez, G. Does the Exchange Rate Pass-through into Prices Change When Inflation Targeting is Adopted? The Peruvian Case Study Between 1994 and 2007 [J]. Journal of Macroeconomics, 2012, 34 (4): 1154-1166.

[195] Ollivaud, P. Rusticelli, E. & Schwellnus, C. The Changing Role of the Exchange Rate for Macroeconomic Adjustment [J]. OECD Economics Department Working Papers, 2015.

[196] Rigobon, R. Identification through Heteroskedasticity [J]. Review of Economics & Statistics, 2003, 85 (4): 777-792.

[197] Rodrìguez – López, J. A. Prices and Exchange Rates: A Theory of Disconnect [J]. Review of Economic Studies, 2011, 78 (3): 1135 – 1177.

[198] Rose, A. K. The Role of Exchange Rates in a Popular Model of International Trade: Does the 'Marshall – Lerner' Condition Hold? [J]. Journal of International Economics, 2004, 30 (3 – 4): 301 – 316.

[199] Samuelson, P. A. Theoretical Notes on Trade Problems [J]. Review of Economics & Statistics, 1964, 46 (2): 145 – 154.

[200] Schnabl, G. & Baur, D. Purchasing Power Parity: Granger Causality Tests for the Yen-dollar Exchange Rate [J]. Japan & the World Economy, 2002, 14 (4): 425 – 444.

[201] Strasser, G. Exchange Rate Pass-through and Credit Constraints [J]. Journal of Monetary Economics, 2013, 60 (1): 25 – 38.

[202] Tange, T. Exchange Rates and Export Prices of Japanese Manufacturing [J]. Journal of Policy Modeling, 1997, 19 (2): 195 – 206.

[203] Taylor, J. B. Discretion Versus Policy Rules in Practice [C]. Carnegie – Rochester Conference Series on Public Policy. North – Holland, 1993 (39): 195 – 214.

[204] Taylor, J. B. Low Inflation, Pass-through, and the Pricing Power of Firms [J]. European Economic Review, 2000, 44 (7): 1389 – 1408.

[205] Taylor, J. B. Using Monetary Policy Rules in Emerging Market Economies [C]//revised version of a paper presented at the 75 th Anniversary Conference, "Stabilization and Monetary Policy: The International Experience," Bank of Mexico, November. 2000: 14 – 15.

[206] Tomlin, B. & Fung, L. The Effect of Exchange Rate Movements on Heterogeneous Plants: A Quantile Regression Analysis [R]. Bank of Canada Working Paper, 2010.

[207] Tomlin, B. Exchange Rate Fluctuations, Plant Turnover and Pro-

ductivity [J]. International Journal of Industrial Organization, 2014, 35 (10-18): 12-28.

[208] UNCAD, Global Value Chains AND Development [R]. UNITED NATIONS PUBLICATION, UNCTAD DIAE, 2013: 34-40.

[209] UN, 2016 International Trade Statistics Yearbook [M]. Department of Economic and Social Affairs of United Nations, New York, 2017.

[210] Yingfeng, X. U. Lessons from Taiwan's Experience of Currency Appreciation [J]. China Economic Review, 2008, 19 (1): 53-65.

[211] Yu, M. Processing Trade, Tariff Reductions and Firm Productivity: Evidence from Chinese Firms [J]. China Economic Quarterly, 2015, 125 (585): 943-988.

[212] Zhi, Y. Exchange Rate Pass-through, Firm Heterogeneity and Product Quality: A Theoretical Analysis [C]. Federal Reserve Bank of Dallas, 2013.

后　记

终于要写下这篇后记，为人生中的第一本著作画上一个完整的句号。本书是在我的博士论文的基础之上历经两年时间不断修改完善而成，部分研究成果发表于《国际贸易问题》《财经论丛》《统计与决策》等期刊。

此刻的窗外是朗朗晴空，几丝云彩漂浮在天空中，挡不住的热辣阳光肆无忌惮地洒向假日里冷清的校园。看着熟悉的一切，内心有千百滋味无从道起，唯有感恩、感谢与感动！2002～2020年，整整18载，时光悄然流逝。回首望去，有波折坎坷时，也一帆风顺时，有怀疑否定时，也有信心百倍时，有焦灼不安时，也有平静顿悟时，而此刻是幸福喜乐时！要感谢这一路上与我擦肩而过的那些人，这一路上与我携手并进的那些人，这一路上给予我鼓励、支持和帮助的那些人，有你们，才有我的此刻！

首先，感谢我的博士导师程惠芳教授！她严谨的学术态度、勤勉的治学风格、心怀国家的博大胸怀、高屋建瓴的科研视野和对学生的严格要求为我们树立了值得用一生去学习的典范。在读博期间，程老师指引我在不断地探索与思考中明确研究主题，帮助我在一次次的研讨与交流中厘清研究思路，指导我在反复的修改与完善中完成论文，我才得以顺利毕业。其间，由于是在职读博，工作、学业和家事常常让我顾此失彼，有时不免灰心丧气，心生退意，是程老师的鼓励与支持让我重铸信心，咬牙坚持，得以“守得云开见月明”！

感谢我同一师门下的同学和战友，张祎博士、岑丽君博士、丁小义博士、李方敏博士、刘睿伣博士、林素燕博士、文武博士、詹森华博士等，在多年的学习路上，虽有风雨，也有艳阳，一众兄弟姐妹们相互鼓励、相互支持、相互学习，那些曾经在一起奋斗的日子，都是值得记住的过往！

感谢我的好同事、好密友兼好战友宋瑜、张燕、张蕾、张彦彦、刘慧等，怀念一起在7号楼108的那些日子，我们一起写作、相互鼓励，我们畅谈对人生的见解、对事业的追求、对美好生活的向往；感谢我亲爱的同事们，战明华、胡丹婷、邬关荣、许月丽、张海洋、黄海蓉、陈静、傅纯恒、陈晓华、杨君、张正荣等老师们，你们给予我的所有帮助和支持都是无私而不求回报的！

感谢我的父母与家人！父亲于2011年7月与世长辞，但在我的心里，我从未觉得他远离过。父亲退休前在政府机关工作，他正直、诚恳、善良、公正、勤俭、专研，他对待工作兢兢业业，对待生活积极认真，对待同事和气友善，对待家人关爱尽责，对待子女宽厚严格，父亲的言传身教教会我做一个正直、诚实、善良、踏实、认真的人，做一个胜不骄、败不馁的人。而母亲已是古稀之年，多年跟随我居住在杭州，但我几乎没有时间带她老人家去领略杭州春华秋实的醉人美景。为了支持我的工作和学业，她承担了大部分的家务以及照顾外孙的重任，从未有微词，一直竭尽所能。我的两位姐姐都在家乡工作，在我远离故土，在不同的城市求学、工作的日子里，在我美国访学的1年中，她们尽心尽力地照顾着我们的父母，让我从无担忧与顾虑，在我遇到困难的时候，她们永远是我坚强的后盾，无条件、无保留地帮助我！

感谢我的爱人曹杰先生，他就职于一家保险公司，忙碌、压力大是这份工作的标签，但他极少抱怨，而是以乐观、积极、认真、努力的态度来应对工作中的挑战。也正是他无条件地支持使我无数次在困境中重拾信心，在坎坷中不断前行，最终完成论文，顺利毕业；也要感谢我的儿子曹羿雄小朋友，他六年级了，是一位有无数优点、值得我骄傲的帅小伙，聪明、懂事、体贴、孝顺、爱读书、爱思考、勤动手……他也是我坚定信念、克服困难、勇往直前的动力！妈妈希望你永远健康、永远快乐，有理想、有梦想，爱自己、爱家人、爱朋友、爱这个美好的世界！

最后感谢经济科学出版社的李雪编辑及其专业团队的辛苦付出，他们敬业的工作态度、严谨的工作作风为本书的顺利出版提供了保障！

成　蓉

2020年8月于杭州